공주의 마지막 사랑

차례

- 공주의 마지막 사랑 -

마지막 사랑

또 한 번의 사랑	10
공주	11
마지막 사랑	12
진정한 사랑	13
사랑의 승리	15
사랑에 약한 자	16
사랑의 조건	17
여름을 기대함	18
비(雨)와 인생	20
비(雨)와 사랑	21
간밤의 거센 비바람	22
꽃이 다가온다 하여도	23
애정과 우정	24
(續) 애정과 우정	25
사랑의 次元	26
사랑이란	27
美女	28
平和의 사랑	29
인류역사에서의 사랑의 퇴보	30
卵子의 戀愛	31
(續) 卵子의 戀愛 (十億倍의 힘)	32
사랑은 최대값이 아닌 中心點	33
中間은 없습니다	34
사랑의 時機	35
어떤 사람인가요	38

사랑의 절대자	40
훌륭한 여자	42
사랑의 개(犬)	43
함께 하는 우리	45
여자가 결혼하는 방법	47
殉錢譜	49
작으나 存在하는 것	50
꽃과 아이	52
가을 薔薇	53
天國의 天使	54
幸福의 三要素	56

사랑의 백지수표

사랑의 應報	58
사랑은행	60
사랑의 백지수표	61
두 가지 믿음	62
친구&&여성==唯一	63
사랑협정	64
三顧草廬	65
사랑의 허가권	67
그대 責任입니다	68
(續)그대 責任입니다	69
또 한 번의 사랑 (男)	70
사랑의 항해	71
사랑의 계약	72
사랑의 기도와 응답	73
그님 향한 두 편지	74
뿌리 깊은 사랑	75
그대를 위한 다짐	76

愛心의 循環	77
님을 닮고 싶지만	78
님의 문패	79
믿음의 사람	80
사랑의 優先權	81
님의 아름다움	82
사랑을 느낄 때	83
當身의 人生車	85
블랙홀	87
데이트	88
사랑과 容恕	89
세상과 사랑	90
선택과 운명	91
왜 詩를	92

존재만의 행복

처음의 그대	94
변함없는 사랑	95
永遠 속의 만남	96
마음의 님	97
非所有의 사랑	98
당신의 자유	100
心身의 統一	101
사랑의 꿈	102
舍께하는 사랑	103
겨울을 허락해주세요	104
존재만의 행복	105
꽃씨의 겨울	106
아지랑이 님	107
님을 숭배함	108

그님이 아프지 않도록	109
사랑의 強弱者	110
님에 對한 믿음	111
님의 것	112
필요한 사랑	113
사랑의 從	114
오래된 사랑	115
해방자 그대	116
사랑의 보험	117
愛實	118
님은 운명이기에	119
大乘의 戀愛	120
山과 愛人	121
공주의 수수께끼	122
그님이 내님 될 때	123
사랑의 균형	124
사랑의 확률	125
사랑의 氣力	126
사랑의 安着	127
사랑의 전쟁	128
가장 좋은 愛人	129
님의 소식	130
큰사랑을 할 者에겐	131
愛情의 財産	132
님의 開心	133
사랑의 實體	134
因緣	135
結詩	136

義의 사랑

該悔再會	138
再會	139
黃河戀歌	140
濟南戀歌	141
濟南風景	142
好朋友	143
義的愛	145
許友誼	146
義愛人	147
辨證的愛	148
許佩友	149
爲義的美	150
義美人	151
달과 물과 여인	152

- 채팅실 로미오와 줄리엣 -

사랑의 正體	154

몸바치는 사랑

사랑의 삼단계	156
그대여	159
그녀와 이야기하고 싶다	160
그대 사랑 이 우주와 함께 영원하리	162
幻影	163
봄	164
밤(夜)	165
손길과 體溫	166
純白의 그대	168
몸 바치는 사랑	169

사실은 당신이 내 마음을 모르기 때문이에요	170
먼 훗날 그들은	172
가을에는 사랑을	173
가을에 사랑하는 이유	174
十一月	178
첫눈(Ⅰ)	179
첫눈(ⅠⅠ)	180

채팅실 로미오와 줄리엣의 이야기

채팅실 로미오와 줄리엣의 이야기 1	182
채팅실 로미오와 줄리엣의 이야기 2	184
컴퓨터의 성능과 인간의 思考	186
별(星)	191
하나님과 악마	194

마음 고운 사람들

조심스런 사랑	196
秋雨	197
마음 고운 사람들	199
꿈을 꾸세요	200
눈길(視線)	201
밤길	203
구름	204
결혼	205
삶의 예술	207
傷處	209
변치 않는 사람들	210
어머니와 아이들	211

남성이 빼앗은 가장 큰 것

남성이 빼앗은 가장 큰 것	214
사랑의 유예	216
이 세상에서의 맡은 바 역할	218
독신자 권리장전	221

공주병

살로메 콤플렉스	224
공주병	226
꽃뱀	229
그녀가 여자임을	230

女人의 外出

진정 아름다운 여자	232
여인의 외출	234
肉體의 讚美	237
눈(雪)	240

에필로그

닭과 달걀	244
體溫移植	246
푸른 하늘	247
悲歌	248
젊음과 성숙	249

마지막 사랑

또 한 번의 사랑

지독한 사랑을
하였다 상처받은 女人에겐
또 한번의 사랑을 권합니다.

그이를 사랑함으로써 나는 무엇을 얻을까
그이에겐 다른 여인이 있는가
그이와의 사랑의 결과는 무엇일까
그이의 사랑은 진정한 사랑인가

따져보지 않고 全入(all-in)하여
더 이상 이 세상에서
다시는 사랑을 못할 만큼
남김없이 소진(消盡)하길 권합니다.

공주

사랑이 이루어지려면
선택하는 쪽과
선택당하는 쪽이 있습니다.

선택하는 쪽은
자신이 원하는 상대를 얻지만
상대에게 지극한 사랑을 바쳐야 합니다.

선택당하는 쪽은
지극한 사랑을 받기도 하지만
자신이 만족하는 상대를 얻지 못하기도 합니다.

공주는
사랑의 대상을 자신이 선택하면서
그로부터 지극한 사랑을 받는 자입니다.

마지막 사랑

마지막 사랑을
하고 싶은 사람은
이런 사람과 사랑하세요.

그 사람은 마음이 착해야 합니다.
그 사람을 살피고 알아보지는 마세요.
스스로 착한 이가 되고 싶어 하고
결코 나쁜 이로 기억되지 않으려하면 족합니다.

그 사람은 사랑의 상처를 가져야 합니다.
그 사람의 과거를 물어보지는 마세요.
사랑의 아픔을 알고
그것을 마음에 기억하면 족합니다.

착한 사람은
자기가 겪은 아픔을
다시 주지는 않을 테니까요.

진정한 사랑

진정한 사랑은
무엇일까요.

상대에게서 느끼는
편안함일까요.

그것은 우정입니다.

상대의 아름다움에
사로잡히는 것일까요.

그것은 성욕입니다.

상대의 행복을 위해
아낌없이 도움 주는 것일까요.

그것은 동정입니다.

상대에게 자신의 모든 것을
남김없이 바치는 것일까요.

그것은 희생입니다.

진정한 사랑은
상대의 사랑이 진정한 사랑인가를 의심하지 않고
사랑하는 것입니다.

사랑의 승리

사랑의 勝利는
創業보다 守成에 있습니다.

創業은 自意와 무관히 생겨나고
利己心에 의해 이뤄집니다.

守成은 自意에 의해 존재하고
利他心에 의해 유지됩니다.

사랑을 지키기에 힘이 달려
惑이 그님이 멀어지더라도
거기 自己를 탓할 후회가 있지 아니하면
그 사랑은 勝利한 것입니다.

勝利/승리, 創業/창업, 守成/수성, 自意/자의, 生/생, 利己心/이기심, 利他心/이타심, 惑/혹, 自己/자기

사랑에 약한 자

사랑에 약한 자가
못 이루는 사랑을
성취하려면

못 믿는 것을 信賴하고
못 하는 것을 努力하고
못 참는 것을 忍耐하고

그리고
容恕하지 못할 것을 容恕해야 합니다.

信賴/신뢰, 努力/노력, 忍耐/인내, 容恕/용서

사랑의 조건

사랑하는 사람이 원하는 조건은
딱하나
당신을 사랑할 수 있는 권리입니다.

사랑하는 사람이 상대에게
내가 널 사랑하는 만큼
너도 날 사랑해야 한다고
조건을 내걸고 시험하려 한다면
그 때는 이미 사랑이 아닙니다.

여름을 기대함

한겨울 꿈꿨던 그 봄이 갑니다.

봄이 가는 것은
꽃 속에서 님 만난 때가 가는 것이고
함께
希望 속에 씨 뿌린 때가 가는 것입니다.

가는 봄의 아쉬움보다
오는 여름의 期待는 더합니다.

여름이 오는 것은
빗속에서 님품을 때가 오는 것이고
함께
땡볕아래 땀흘릴 때가 오는 것입니다.

希望/희망, 期待/기대

期待夏天

冬夢的春天才要去
春去是
花中逢人了時節去
也一起
希望地播種了時節去

比惜春去的心
期望夏來的心更深

夏來是
要雨中抱人的時節來
也一起
熱陽下要流汗的時節來

기대하천

동몽적춘천재요거
춘거시 화중봉인료시절거
야일기 희망지파종료시절거

비석춘거적심
기망하래적심갱심

하래시 요우중포인적시절래
야일기 열양하요류한적시절래

비(雨)와 인생

비처럼 아름다운 것이 있을까요.
세상이 변하고
소중한 많은 것이 사라지고
사람은 늙어도
비는 계속 오리라는 사실이 다행스럽습니다.

그래요,
아마도 우리가 받은 神의 선물 중에
가장 사랑을 받을 것이 비인가 봅니다.
누가 그러더군요.
나이 들면 시애틀에 가서 살 거라고…
거긴 비 좋아하는 사람 천국이래요.

그러면
이 세상에 비가 내리는 한은
우리는 삶을 싸우며 지켜야겠습니다.
어차피 우리의 인생은
해마다 늙음과 죽음 중에는
하나를 택해야 하지만요.

비(雨)와 사랑

만약에
당신은 비를 좋아하는데
당신의 사랑하는 사람이
비에 우울해한다면
비 오는 날
그녀를 꼬옥 껴안고
마음을 함께 가자 하세요.
그러면 그녀의 눈물과 빗물이
하나가 되듯
그녀와 당신의 마음도
하나가 될 것입니다.

간밤의 거센 비바람

李淸照

昨夜雨疏風驟, 濃睡不消殘酒。
試問捲簾人, 卻道海棠依舊。
知否？知否？應是綠肥紅瘦。

작야우소풍취, 농수부소잔주。
시문권렴인, 각도해당의구。
지부？지부？응시록비홍수

간밤에
하늘이 열리듯 비가 내리고
바람은 駿馬 달리듯 했습니다.
밤늦도록 술잔을 잡다가
비우지 못하고 늦은 잠이 들었지요.
아침에 발을 말아올리며 깨우는 이에게 물었지요.
해당화는 지금 어떤가요.
뭐가요. 그야 그대로 있지요.
(바람은 좀 셌지만 가지는 안 부러졌어요.)
아아, 당신은 그걸 정말 모르는가요?
綠葉이 짙어질 때니 꽃이 어찌 떨어지지 않을까요.

李淸照/이청조, 駿馬/준마, 綠葉/녹엽

꽃이 다가온다 하여도

꽃이 다가와 아름다움을 보인다 하여도
꽃향기를 알지 못하는 자가
꽃의 美를 즐길 자격이 있던가요.

사랑을 품고 온 女人의
그 진심을 알지 못하는 자가
그 사랑을 받을 자격이 있던가요.

애정과 우정

우정은
애정의 충분조건은 아니지만
애정의 필요조건입니다.

그리고
우정의 필요조건은
대화입니다.

(續) 애정과 우정

우정은
사랑을 위한 도박이 아닙니다.

사랑의 성패의 두려움 때문에
우정이 기피되어서는 안 됩니다.

사랑의 次元

사랑의 成事는
서로가 원함만으로는 부족합니다.

그것에 서로가 놓인
환경의 도움은 불필요하지만

상대에 바라는 것이
상대의 능력 범위 안에 있어야 합니다.

사랑은
동일한 차원에서 이루어지는 것이니까요.

次元/차원, 成事/성사

사랑이란

色骨이 아닌 한 남자와
宕女가 아닌 한 여자가
처음 만났을 때부터
서로 안고 싶어 하고
또 안기고 싶어 하는 것

色骨/색골, 宕女/탕녀

美女

아름다운 女子일수록
求愛者에게 겸손해야 한다.
第一 아름다운 女子 말고도
세상에 女子는 많기 때문이다.

한편 스스로 가장 매력 없다고 여기는 女子는
얼마든지 구애자에게 도도해도 된다.
그녀 말고는 世上에
다른 女子가 없기 때문이다.

求愛者/구애자, 第一/제일, 世上/세상

平和의 사랑

世上의 女子는
둘로 區分된다.

求愛가 常到하는
魅力外貌의 女子와

求愛를 待機하는
平凡外貌의 女子이다.

前女는 사랑의 質을 살핀다.
後女는 사랑의 存在로 기뻐한다.

原初的 本能은
前女의 愛試에 合格ㅎ고자하고
平和의 理性은
後女의 愛人으로 存在ㅎ고자한다.

平和/평화, 區分/구분, 常到/상도, 魅力外貌/매력외모, 待機/대기, 平凡/평범, 質/질, 存在/존재, 原初的/원초적, 本能/본능, 愛試/애시, 合格/합격, 理性/이성

인류역사에서의 사랑의 퇴보

(1)黃金時代 - 사랑을 얻기 위해서는 몸을 던져 만나 그 책임을 나누던 시대 (^.^)

(2)白銀時代 - 인간사회의 발달로 종이에 글을 써 편지를 대신 보냄으로써 사랑을 얻으려 할 수 있게 된 시대 (^_^)

(3)靑銅時代 - 통신의 발달로 그다지 정성을 들이지 않고 즉석에서 전화를 걺으로써 사랑을 얻으려 할 수 있었던 시대 (-.-)

(4)黑鐵時代 - 컴퓨터 통신의 발달로, 이메일이나 통신게시판의 글로 사랑을 얻을 수 있을까 생각되는 시대 (-_-)

黃金時代/황금시대, 白銀/백은, 靑銅/청동, 黑鐵/흑철

卵子의 戀愛

男性이 主되는
精子의 연애에서는
만남의 機會가 許多하여
연애의 시행착오가 거듭하여도
사랑의 생명엔 지장이 없다.

女性이 主되는
卵子의 연애에서는
만남의 回數가 限定되어
過排卵의 誘導는 傷處를 남기고
사랑의 생명을 단축한다.

精子/정자, 機會/기회, 許多/허다, 卵子/난자, 回數/회수, 限定/한정, 過排卵/과배란, 誘導/유도, 傷處/상처

(續) 卵子의 戀愛 (十億倍의 힘)

男子는 平生

4000 0000 0000 個內外의 精子를 가진다.

女子는 平生

400 個의 卵子를 가진다.

故로 女子의 求愛는

男子의

4000 0000 0000 / 400 = 10 0000 0000 倍의 效力이 있으며

그만한 責任도 따른다.

續/속, 十億倍/십억배, 平生/평생, 倍/배, 效力/효력, 責任/책임

사랑은 최대값이 아닌 中心點

數學에서는
最小上限帶(least upper bound)와
最大下限帶(greatest lower bound)가 一致하면
積分可能(integrable, 合致)하다고 합니다.

그러나 사랑은 최대값이 아닙니다.

사랑은 中心點입니다.

最小上限帶(least upper bound, 높은 조건의 사람이 만족할 수 있는 최소한)과 最大下限帶(greatest lower bound, 낮은 조건의 사람이 현실에서 만날 수 있는 최대한)이 일치하면 결합은 가능(integrable) 하겠죠. 하지만 그것이 사랑은 아닙니다.

中心點/중심점, 最小上限帶/최소상한대, 最大下限帶/최대하한대, 一致/일치, 積分可能/적분가능, 合致/합치

中間은 없습니다

 한 신앙인 철학자의 글에
 이런 이야기가 있습니다.
 "어떤 이들은 예수를 소크라테스나 공자와 같은 인류 역사상 뛰어난 聖人 중의 한사람으로 말하기도 합니다. 그러나 이것은 잘못입니다. 예수는 그 자신의 말대로 하나님의 아들이 아니면 미친 사람입니다. 어떻게 한 사람으로서 '내가 곧 길이요 진리요 생명'이라고 할 수 있으며 자기 자신을 태초부터 있었던 하나님의 아들이라고 말할 수 있겠습니까?"

 사람이건 神이건, 마음을 두는 대상에 대하여
 中間이란 없는 것이겠습니다.

 당신에게 한 女人이 있어서,
 당신은 아직 모든 것을 요구할 만한
 정성을 바치지 못했음에도 불구하고,
 그녀로서는 자신의 돌이키기 어려운
 마음을 준 女人이 있다고 합시다.

 그녀는 당신을 사랑하고 있든가
 아니면 마음이 헤픈 여자입니다.
 그녀는 당신의 소중한 사랑이거나
 아니면 정결치 못한 여자이고,
 무의미한 중간은 될 수 없습니다.

사랑의 時機

 사랑의 순수함에 긍지를 가진 한 남자가 있었습니다.
 그는 말했습니다.

 사랑은 인간의 권리이자 의무인데
 사랑하여 상처를 입을까
 혹 손해 보는 관계가 될까
 두려워하던 나머지
 사랑을 좀처럼 받아들이지 않는 여성들이 있습니다.
 그러다 이윽고 중년을 넘겨서야
 사랑하고 싶다고 말하는 여성이 있습니다.

 그는 계속 말했습니다.

 사랑에 따른 구속은 그 결실인 생명에 대한 책임이 근거가 됩니다.
 生産의 시기를 지나서
 어찌 상대에게 구속을 요구할 수 있을까요.
 또 한창 사랑의 수용력이 있던 이삼십대에는
 구애하던 男子들에게 많은 상처를 주다가
 늦게야 사랑을 구하는 이는 동정이 안 갑니다.

남자가 젊었을 때 군대나 직장이 필수이듯이
　여자는 젊었을 때 사랑을 받아들여야 진짜 女子입니다.

　이렇게 그 남자는
자신은 순수한데
다른 순수하지 못한 여자들을 탓하며
사랑이 결핍된 세상을 탓했습니다.

　이때 한 현자(賢者)가 있었습니다.
그(女)는 그에게 다가와 말하기를

　당신을 돌이켜 생각해 보세요.
　당신이 나이를 따져 가까이 하지 않은 여성 중에
　혹 당신을 사랑하는 여성이 아직 나이가
　너무 어리다고 해서 무시했던 적는 없었나요?
　그녀가 당신과 사랑할 수 있을 나이가 되면
　당신은 이미 너무 나이 들어
　그녀가 당신을 버리고
　당신은 손해보고 상처를 받을 것이라는 두려움 때문에…
　그러고도 당신은
　이제껏 당신의 사랑의 마음이
　순수하기만 했다고 주장할 수 있나요.

당신은 이에 대해 변명할 수 없을 것입니다.

남자는 크게 깨닫고
순수의 의미를 다시 가다듬겠다고 다짐했습니다.

사랑은 이해득실(利害得失)을 생각 않고,
상처의 두려움 때문에 소멸되지 않습니다.
사랑은 기다리지만
그렇다고 미래를 걱정하지는 않습니다.

어떤 사람인가요

그대여 혹 누군가
"당신에게 편지하는 이는 어떤 사람이오?"
하고 묻는다면
"아. 그 사람 안지 오래되지는 않았지요.
자기의 꿈과 理想에 대해 이야기하길 무척 좋아하죠.
많은 感想을 지닌 다정다감한 사람 같은데
정작 자신은 다른 사람에게로의 情에 무척 빈곤해 있었나 봐요.
따라서 작은 계기에도 크게 자신의 情을 쏟아붓게 되곤 하죠.
자신의 넘쳐 나오는 情을 아끼는 이에게 바치고 싶어 함이 애틋할 정도예요.
그러면서도 정작 본인은 남으로부터의 情을 충분히 받지 못했나봐요.
그러나 그는 그러했던 사람들을 조금도 원망하지 않고
오히려 그러한 뭇 사람들을 위해
자기가 무엇을 할 수 있을까 생각하나 봐요.
이러한 그에게는 여느 일상적인 情의 제공으로도
그의 실천에 상당히 큰 힘이 되어줄 것 같아요.

그는 적지 않은 사회경험으로 다른 사람들과 자신이 다름을 충분히 겪었겠고
그 과정에서의 많은 시련과 좌절이 분명 있었을 터인데
모든 것을 자신의 경험과 지식으로 축적시킬 뿐
思想의 큰 줄기는 학생의 순수를 그대로 따르고 있는 듯해요.
그리고 그의 순수함에의 지향은 혼탁한 이 사회를 헤쳐 나가는데 혹 부칠 듯 해 보이지만,
내면에 숨은 그의 理性에 근거한 현실인식은
그 어떤 不正의 正에 대한 승리도
거부하려 함임을 읽을 수 있어요."
라고
말해 주시지 않으셨나요.

사랑의 절대자

어떤 사람은
"언제 한번 만납시다."
"다음에 또 놀러 오세요."
하는 말이
진실하지 못하다고 합니다.

그리고
"오늘 시간 되세요?"
"이번 주말에 만나요."
하는
책임 있고 정확한 제안만이 진실에 가깝다고 합니다.

그 책임이란 뭘까요?
제안하고 거절당한 뒤의 무안함을
감수하는 미덕일까요.

언제 한번 오세요.
내가 일하다 따분해서 하루 이틀 쉬고 싶을 때…
내가 다른 친구와 즐기다 또 다른 친구를 바꿔 만나고 싶을 때…

그렇게 내가 당신이 아쉬워져 부를 때를 기다리지 말고.

내가 앞날을 위한 물질을 준비하느라 분주한 때이든
내가 편안한 친구와 향긋한 휴식에 만족하고 있는 때이든
아무 때고 내게 다가와
나의 시간을 가로채세요.
그리고 내 삶 안에 군림하세요.

왜냐하면 당신은 우리 사랑의 주체이고
내 사랑의 절대자이기 때문입니다.

훌륭한 여자

어떤 속 좁은 남자는
남자가 육체적으로나 정신적으로 여자보다 우월하다고 합니다.
그러나 여자는
生産을 위한 일에 자기의 능력을 바치기 때문에 나머지의 일에 남자만큼 치중하지 못하는 것입니다.
그래서 때로는 이 사회에서
여자는 調理 없는 내숭이나 떼쓰기가
남자와는 달리 용납되기도 합니다.

그러나 간혹 여자이면서도
남자 以上의 솔직함과 당당함을 갖춘 이가 있을 때
그 여자는 존경의 대상이 되는 것입니다.

生産/생산, 調理/조리, 以上/이상

사랑의 개(犬)

나는 개(犬)입니다.
고양이는 타고난 사냥의 재주가 있지만
나는 타고난 능력이 없습니다.

나는 먹이를 주는 주인이 없으면
살아가기가 고통스럽습니다.
간혹 늦게사 먹이 잡는 법을 배워 살아남기도 하지만
여전히 고양이의 타고난 재주만은 못합니다.

사랑의 감각을 타고난 이들은
원하는 때 연인을 맞이해 사랑을 이룹니다.
반면에 그렇지 못한 이들은
갖은 고통 후에 늦게사,
아- 사랑은 이렇게 해야만 얻어지는 구나… 알게 되어
사랑을 얻고 유지하기 위해
자기의 경험과 지식
그리고 사고력을 총동원합니다.
그러나 아무리해도
감각이 타고난 이만은 못합니다.
결국 충성만을 자산으로 하는,

사랑의 개(犬)를 自認하는 길만이 있을 뿐입니다.

나는
주인에 대한 의리와 충성 말고는 내세울 것이 없는
사랑의 개(犬)입니다.

함께 하는 우리
- 월드컵 16강 진출 기념 獻詩

우리는 무언가를
함께 하고 싶었다.
우리는 무언가를
함께 느끼고 싶었다.
人間이란 결국 함께 모여
더 큰 人間을 만드는 존재일 뿐이기에
우리는 다함께 모여
통일된 全人이 되고 싶어 했다.

우리는 함께 즐기고 싶어 했다
우리는 함께 기뻐하고 싶어 했다.
그러나 지난 한 세기
우리에겐
함께 슬퍼하고
함께 분노하고
함께 두려워하는 일만 잦았다.

2002년 6월 14일
그 날
우리는 함께
몇 번을 아쉬워했다.
그리고 몇 번을 안타까워하고
또 몇 번 안도의 한숨을 내쉬었다.

그리고는 마침내
함께 크게 기뻐했다.

기쁨의 폭죽이 터지고 우리는 함께 뒤섞여졌다.
그 다음은 마주친 자 하나하나 모두가
서로에게 반가운 愛人이요 오누이였다

우리 모두는 손에 손을 잡으며
너 나 하나임을 확인했다.

한 두 선수 세계인을 사로잡진 못한다 해도
우리선수 모두는 합쳐 세계를 놀라게 하였다.

빼어난 구슬도 서로 꿰어야 보배이듯
앞으로 여기저기서
우리의 모든 잠재력을 일으켜 꿰어내자
그리고 우리의 경제, 문화, 정치도
세계 16강 8강 4강에 들게 하자

우리는
함께 목표를 추구하고
함께 경쟁하고
함께 성장할 것이다.

함께 사랑하고
그리고 이제 앞으로는
어느 누구도 함께 미워하지는 말자
Date 2002-06-15 오전 09: 07

여자가 결혼하는 방법

상대 남자에게 자신이 첫 만남이라면 좋겠지만
그렇지 않을 경우가 많다.
그렇다면 그의 과거의 여자들과는 뭔가 달라야 한다.

가령 그 남자가
순전히 돈이 없어 여태 결혼 못한 남자라면
남자가 돈이 없어도 괜찮다는 여성은 그와 결혼할 수 있다.
그 남자가 키가 너무 작아 결혼 못한 남자라면
남자가 키가 작아도 괜찮다는 여성은 그와 결혼할 수 있다.
그 남자가 몸이 너무 약해 결혼 못한 남자라면
남자의 건강을 보살펴줄 여자라면 그와 결혼할 수 있다.
그 남자가 너무 못생겨 결혼 못한 남자라면
남자가 못생겨도 상관없다는 여자만이 그와 결혼할 수 있다.

이처럼
남자의 과거의 여자들이 그 남자에게 요구했지만

그 남자는 갖추지 못했기에
그 남자를 결혼 못하게 했던 그것.
그것을 과거의 다른 여자들처럼 요구하지 않는 여자가
그 남자와 결혼할 수 있는 것이다.

그런데도
남자의 과거여자들보다
자기를 더 사랑하는가 시험해보고
비교해보려는 것 때문에
결혼은 어려워지곤 한다.

殉錢譜

人生.
成就를 求하였다.
무엇을 追求할 것인가
人格의 高揚인가
眞理에의 洞察인가
善行의 業績인가
모두가 객관적이지 않다.
모든 이가 인정할
計量된 評價는 돈이다.

그리하여 돈을 追求했다.
돈은 인생의 手段이 아니고 目的이었다.
정복자 알렉산더가 끝없는 征服을 追求하다 죽었듯
그렇게 인생을 追錢에 쏟았다.
擴錢에 命運을 걸었다.
巨大事業에 목숨 걸고 부딪쳤다.
殉愛하거나 殉國을 한다지만
殉職이 아니라 殉錢했다.

殉錢譜/순전보, 成就/성취, 追求/추구, 人格/인격, 高揚/고양, 眞理/진리, 洞察/통찰, 善行/선행, 業績/업적, 計量/계량, 評價/평가, 追求/추구, 手段/수단, 征服/정복, 追錢/추전, 擴錢/확전, 命運/명운, 巨大事業/거대사업, 殉愛/순애, 殉國/순국, 殉職/순직

작으나 *存在*하는 것

추억의 그곳을 찾으러
열차여행을 떠났습니다.

어서 빨리 그곳에 도착하려고
특급열차를 탔습니다.

창밖의 풍경을 바라보며
세상일에 부대끼며 얽히고 긴장되었던 마음을
가라앉히고 풀었습니다.

지난 세월 나는
무엇을 위하여 살아왔으며
그 과정에서
인간이 주고받은 상처는 얼마나 많았던가.
그 추진했던 가치는 과연
세상의 판단을 넘어선
불변하는 진리에 따른 것인가.
답 없는 회의(懷疑)를 되풀이했습니다.

열차가 어느 작은 역을
순식간에 통과하자
찔끔 눈물이 흘러나왔습니다.

저 작은 역은
제 앞에 열차가 머무르기를
목 놓아 기다렸지만
열차는 전혀 속력을 줄이지 않고 지나갔습니다.
작지만 분명히 존재하는
세상의 많은 것들은
거칠 것 없는 대범한 움직임 앞에서는
있는 것도 없는 것이었습니다.

꽃과 아이

길 가에 한 아이 웅크려 앉아있어
걸음을 멈추고 함께 꽃을 바라본다.

아이는 웃으며 고개 숙여 拜禮(배례)했다.
나도 고개 숙여 拜禮했다.

아저씨, 이게 뭐예요.
모양은 예쁘지만
먹지도 못하는데 왜 있는지 모르겠어요.

그건 꽃이란다.
꽃도 사랑을 해야 하니까
사랑을 받으려 예쁘게 만들어진 거란다.

나는 살며시 꽃 한 송이를 꺾어 주었다.
배고픈 者에게 열매가 몸바치듯
꽃도 사랑하는 자에게 기꺼이 自身을 바친단다.

아저씨, 世上은 참 아름답네요.
좋은 이야기 들려주셔서 고마워요.

아니, 나도 네게 바라는 게 있단다.
내게 하늘나라의 이야기를 들려다오.
나는 그곳을 떠난 지 너무 오래라
알지 못하는 구나.

가을 薔薇

찬란했던
五月의 영광을 뒤로하고

장마와 盛夏의
비바람과 땡볕을 겪고

치기(稚氣)와 혈기에 사로잡혔던
지난날을 후회하며

後半生을 가다듬어 다시 피는
가을 薔薇.

아- 그러나,

청춘의 그 빛나던 때깔은
다시 찾기 어려워라.

生命의 絶頂은
우리의 뜻대로 오지 아니하니.

薔薇/장미, 盛夏/성하, 生命/생명, 絶頂/절정

天國의 天使

天國이란 어떤 것일까요。
精神은 육체보다 강하므로 그것을 흡수합니다。
정신은 살아생전 육체를 淨化하고 그 힘을 다 소모하게 함으로써
육체를 그러한 변화에 대비해 놓았으니,
육체는 쉬이 정신에 흡수될 거예요。
또 정신은 정신대로 온갖 無限한 힘을 가지고 있는 최고의 智慧에 의해 흡수될 거예요。
그리하여 인간은 고스란히 자기 자신의 밖으로 나가 있게 될 것이고,
그의 행복의 유일한 이유는
自己가 自身이기를 그만두고,
모든 것을 끌어당기는
저 형언할 수 없는 최고의 善에
복종하는 것이 될 겁니다。
(에라스무스, <狂愚禮讚>)

天國의 행복은
生前에 마음으로 그리던 神과의 接合에 있겠지요.
그런데 神은 그 天國을
인간의 生時에도 간간이 겪도록 했습니다.

당신이 마음으로만 그리던 님을
마침내 體接할 때
그님은 당신의 天國을 예비하는
天使의 降臨으로서 있습니다.

淨化/정화, 智慧/지혜, 善/선, 狂愚禮讚/광우예찬, 接合/접합, 體接/체접, 降臨/강림

幸福의 三要素

幸福을 이루는
三要素는

먹을 糧食이 있고
精誠을 바칠 친구가 있으며
그리고
世上의 道理를 알아
모든 일에 迷惑하지 않음입니다.

幸福的三要素

成幸福三要素是
有糧爲食
有朋友爲誠
而且
知世事道理爲不迷惑

행복적삼요소/성행복삼요소시/유양위식/유붕우위성
이차/지세사도리위불미혹

糧食/양식, 精誠/정성

사랑의 백지수표

사랑의 應報

女人:
오래간 사랑했으나 응답이 없던 그에게서
이윽고 돌아온 소식은 약혼녀가 있다는 것이었어요.
이제껏 기대하던 마음에 들이닥친 뜻밖의 소식은
심장이 멎는 충격이었어요.
이제는 어찌해야 할지…
살고 싶은 의욕도 앗아가는 것이었어요.
사람들은 이것을 두고 젊은 날의 苦行이라고 합니다.
그러나 너무나 가혹합니다.
어떤 원죄로 이런 형벌과 같은 고통을 당해야 하는지.
하나님의 섭리를 알지 못하겠어요.
이제껏 열심히 살아온 삶의 의욕마저 잃게 되었으니
아예 이제까지의 삶의 족적을 떨치고
제비와 같이 멀리 떠나고 싶은 마음입니다.

傍白:
失戀받은 女人처럼

인간으로서 잠재의 힘이 있는 자는 없을 겁니다.

賢者:
그대여
당신을 사랑하는 그이가 있음을 아시나요.
당신을 사랑하는 그이를 사랑하는 女人은
당신을 사랑하는 그이에게서
사랑의 請이 거절될 것임을 아시나요.
당신이 사랑의 상처를 받은 것처럼
당신도 당신이 모르는 누구에게
그것을 줄 수 있음을 생각하세요.
당신이 여전히 사랑을 하고자 하는 限에는 말입니다.

女人:
내 사랑의 상처가 타인의 행복을 주었음을 알겠어요.

應報/응보, 苦行/고행, 傍白/방백, 失戀/실연, 賢者/현자, 請/청

사랑은행

만약에
당신에겐 애인이 있다는데도
당신을 사랑하려는 듯
하는 사람이 있다면
당신은 어찌 생각하나요.
그가 당신을 너무 사랑하기 때문인가요.

그의 사랑은 과(過)하지는 않습니다.

그렇다면 아마도 그가
사랑을 약속한 사람을 기다릴 동안
그의 사랑의 에너지가 돌이킬 수 없는 곳에 흐르지 않도록
당신께 부탁하는 것일 겁니다.

사랑의 백지수표

님에게
사랑의 백지수표를 드립니다.

거기다 무엇이든
마음으로 적어놓으세요.

그 액수만큼
나의
사랑의 계좌에서
빠져나갈 것입니다.

그대가
나의 一部를 원한다면
기꺼이 나의 一部를 드리겠습니다.

그대가
나의 全部를 원한다면
나는 나의 全部를 바칠 수밖에 없습니다.

그대가 나의 존재
그 以上을 원한다면
나의 사랑의 계좌는 부도(不渡)나고
나는 그대 앞에 파멸될 것입니다.

두 가지 믿음

님의 뜻이 이루어짐을 빕니다.
님의 형통은 나의 행복입니다.

행복을 함께 함에는
두 가지 믿음이 있습니다.

내가 그님을 사랑한다는 믿음입니다.
그님의 목표가 틀어지고
그님의 가는 길이 낮아진다 해도
함께 아쉬워하고
그님 향한 마음은 변함없을 信念입니다.

그님이 나를 사랑한다는 믿음입니다.
그님이 목표를 딛고 올라
크나큰 영광을 얻더라도
함께 기뻐하고
그님의 마음은 변치 않으리라는 自信感입니다.

친구&&여성==唯一

님은 대단치 않은
평범한 친구를 자처하나

님은 마음을 나누는 친구 중에서
여성이라는 그것 하나로
특별할 수밖에 없습니다.

唯一/유일

사랑협정

그녀보다 더 연하의 男親은 질투하지 않는다.
그녀에게는 나와는 또 다른 역할을 해줄 남자가 필요함을 알기 때문이다.

마찬가지로
나보다 연상의 女親은 그녀에게 숨기지 않는다.
내게도 그녀와는 또 다른 역할을 해줄 女性이 필요하기 때문이다.

三顧草廬

劉備가 孔明을 처음 찾아가니
선생은 멀리가고 안계십니다.

劉備가 孔明을 두 번째 찾아가니
선생이 계신 곳을 모르겠나이다.

劉備는 孔明을 세 번째 찾았습니다.
선생은 午睡中에 있으십니다.

四十七歲의 劉備는 二十七歲의 孔明을
階下에서 한나절 기다렸습니다.

선생이여 우리 뜻을 합해
천하통일을 이룹시다.

主君 우리는 因緣이 아닙니다.
천하통일은 우리 代에 不可하오이다.

그러나 結局

孔明은 뜻을 合했습니다.
世上에서 그들의 生은 有限했지만
그들의 뜻은 永遠히 남았습니다.

三顧草廬/삼고초려, 劉備/유비, 孔明/공명,
午睡中/오수중, 階下/계하, 合/합, 主君/주군,
因緣/인연, 結局/결국, 合/합, 有限/유한,
永遠/영원

사랑의 허가권

그님께 말했습니다.
그대 말고 다른 女人을 만나기는
마음에 미안함과 어려움이 생겨요.

그님은 묻습니다.
그러다 내게
새로운 남친이 생겨나면 어쩌려고요?
혹 사귀지 말라 하는 건 아니에요?

님의 삶에 제가 걸림이 될 수는 없어요.
님의 뜻대로 하세요.

예 잘 알았어요.

님은 마치 내게
허락을 받은 듯이 답했습니다.

…

과연 내가 님께
사랑의 일을 허가할 권리가 있을까요?
만약에 내게 그럴 권리가 있다면
나는
다르게 말하고 싶었습니다.

그대 責任입니다

두 男女는 만날 약속을 하였습니다.
男子는 약속장소에 나가
女子가 오기를 기다렸습니다.
그러나 女子는 좀처럼 오지 않았습니다.
차가운 거리에서 기다림에 지친 男子는
지나가는 女子를 그녀로 착각하고
몇 번 붙들고 묻다 면박을 당하기도 했습니다.
늦게야 나타난 그녀 앞에 男子는
아무 불평도 하지 못하고
오직 그녀의 나타남에 감사할 뿐이었습니다.

天上에서 약속한
세상의 장소에
그대는 늦게 나타났습니다.
저가 오래 기다려야 했던 것은
늦게 나타난 그대의 책임이기에
그대는 오래 기다려야 했던 내게
불평할 자격이 없습니다.

(續) 그대 責任입니다

그대여 나의 遲刻을 恨하지 말아요.
오늘은 그대의 眞心을 알고자 한 날이에요.
내가 이르게 왔더라면
當身은 내게 줄 이야기를
이토록 賢明히 準備 못했을 것입니다.

그대여 나의 遲期를 恨하지 말아요.
이생은 그대와의 結合을 約定했어요.
내가 이르게 왔더라면
當身이 天下를 얻어 내게 주려고 멀리 떠난 동안
내 사랑은 살아남지 못했을 거예요.

責任/책임, 遲刻/지각, 恨/한, 眞心/진심,
當身/당신, 賢明/현명, 準備/준비, 遲期/지기,
結合/결합, 約定/약정

또 한 번의 사랑 (男)

사랑을 처음하는 男子는
女子에게
사랑의 쾌락을 구합니다.
하지만 女子는
사랑의 미더움과 책임감을 중히 여깁니다.

그렇지만 또 한 번의 사랑을 하는 男子는
사랑에서 구하고 중히 여기는 것이
女子와 똑같습니다.

사랑의 항해

이제까지의 인생은
그대를 만나기 위함이었고

앞으로의 인생은
그대를 사랑하기 위함입니다.

기다린 세월이 길었기에
운명의 준비는 깊었습니다.

남은 세월이 密集하기에
사랑은 진한 것입니다

密集/밀집

사랑의 계약

둘 중 하나가 책임질 일이 있으면
내가 집니다.
내가 세상에 對한 책임이 더 크니까요.

둘 중 하나의 희생이 필요하면
내가 합니다.
내가 세상을 이미 더 누렸으니까요.

둘 중 하나가 가져야 할 재물이 있다면
그대가 가지세요.
그대가 세상에 베풀 시간이 더 많으니까요.

둘 중 하나가 가져야 할 영광이 있다면
그대가 가지세요.
그대가 영광을 누릴 시간이 더 많으니까요.

사랑의 기도와 응답

주여
사랑을 받을 자를 주심에 감사합니다.

너의 만남에
부족하고 아쉬운 것은 있느냐.

부족과 아쉬움은 없지만
그 영혼을 더 먼저
접하게 해주셨다면
이제까지의 나와 至親의 生에
아픔과 불행이 덜했으리라 합니다.
晩時의 사랑은
가뭄 끝의 단비와도 같지만
順理와의 격차가
너무 커 보이기도 합니다.

네가 겪는 그 順理와의 격차는
너의 창조와 희생으로
메우기 위한 것이니라.
그 격차만큼 다른 많은 영혼이
順理를 얻도록 하기 위함임을 모르느냐.

그님 향한 두 편지

낮의 그님에게는
사랑을 느끼게 해줌에 감사하고
마음 고운 그님의 앞날의 희망을
함께 북돋워 줄 보답을 약속했지요.

밤의 그님에게는…
순결의 女人에 머무르지 않고,
요화(妖花)의 유혹을 도발한 그님에게는…
사랑의 책임을 물었습니다.

뿌리 깊은 사랑

님에 對한 사랑의 근거는
제일 먼저 님의 어여쁨을 반(盼)한 것이고
그 다음 님의 마음씨에 감(感)한 것이고
그 다음에는
님에게서는 두고두고 마르지 않을
精神의 샘이 있음을 보았기 때문입니다.

이 셋은 앞에서부터 눈에 보이나
사랑의 뿌리로서의 중요함은 역순(逆順)이며
그 인식의 순서도 그러했습니다.

뿌리 깊은 나무는
변함없이 열매를 맺기에
뿌리 깊은 사랑은
평생의 約을 담대히 定礎합니다.

約/약, 定礎/정초

그대를 위한 다짐

"너를 위해 죽을 수 있어."
많은 男子의 다짐이기도 합니다.

하지만 그것은 실천도 어렵지만
世人의 認定도 어려운 것입니다.

어떻게 한 사람의 생명이
다른 사람의 생명보다 덜 중요할 수 있습니까.

그러나 우리에게 있어서는
나보다는 그대가
앞으로 지상에서 이룰 과제를 더 가지고 있음에
그대를 위해 죽을 수 있다는 다짐도
스스로 믿을 수 있으며
世人의 認定도 미함이 다행입니다.

認定/인정

愛心의 循環

님의 모습을 보기 前
님의 마음만을 알고서
님이 惑 아름답지 않아도
님을 사랑하리라 했습니다.

해서
님이 아름답게 보이는 至今
님이 惑 善하지 않아도
님을 사랑할 것입니다.

循環/순환, 惑/혹, 至今/지금

님을 닮고 싶지만

님을 사랑하고
님을 믿고
님을 敬拜하며
님을 崇仰하기에
님을 닮고 싶습니다.

그러나 그것은
收斂 向한 努力일 뿐입니다.

於此彼 인간은
그리고 男子는
싸우기로 지음 받은 存在이니까요.

敬拜/경배, 崇仰/숭앙, 收斂/수렴, 努力/노력, 於此彼/어차피

님의 문패

장터 한구석
님의 가게자리에는
님은 보이지 않아도
걸려있는 문패를 보는 것만으로 행복했습니다.

그러던 어느 날
그곳의 님의 문패가 사라지자
님이 떠나가신 줄 알고 허탈하였고
그래도 님을 잊지 말자 다짐하였습니다.

그리움에 못 이겨 장터를 거닐던 날
장터 중앙에 새로 단장된 점포에는
새로이 곱게 쓰인 님의 문패가 걸려있었고
님은 홀연 얼굴을 내밀었습니다.

님이 떠나가도 사랑 할 수 있다는 그 마음으로
지금 있는 님을 사랑하겠습니다.

믿음의 사람

그대는
神을 믿고
인간의 靈魂不滅을 믿습니까.

그대가 내게 부족한
믿음을 보태는 者라면
그대를 내 마음의 支柱로 삼고자 합니다.
앞으로도 그대와 함께할 뜻은 無窮하니까요.

惑 그대가 믿음의 사람이 아니라면
그대는 나를 멀리 내쳐도 좋습니다.
이미 世上에 그대와 누릴 幸福은
太半이 흘러가고 말았으니까요.

靈魂不滅/영원불멸, 支柱/지주, 無窮/무궁, 幸福/행복

사랑의 優先權

사랑은 人生의
權利일 뿐 아니라
生命維持의 義務입니다.

하지만 때로는
사랑의 資格이 不足하여
進行이 猶豫될 수도 있습니다.

사랑의 進行이
머물러있다 하여도
그대는 焦燥할 必要가 없습니다.

사랑의 資格이 갖춰진 然後에
그대는 내게
優先協商權이 있기 때문입니다.

優先權/우선권, 權利/권리, 生命維持/생명유지, 義務/의무, 資格/자격, 進行/진행, 猶豫/유예, 焦燥/초조, 然後/연후, 優先協商權/우선협상권

님의 아름다움

님의 아름다움은
무엇을 위함일까요
男子를 誘惑해
사랑케 하려는 것일까요

아니에요
님의 마음을 따라 왔을 뿐이에요

그러면 님과 함께 있는 者를 더욱 즐겁게 하려는
것일까요

아니에요
님과 世上의 眞理를 討論하는 것으로 足해요

님의 아름다움은
님이 마음을 合할 만큼 자라도록
기다리는 者를 慰勞함이겠습니다.

誘惑/유혹, 眞理/진리, 討論/토론, 足/족, 合/합,
慰勞/위로

사랑을 느낄 때

첫사랑이라면
이제까지의 孤獨을 오히려 多幸이라 여깁니다.

두 番째 사랑이라면
한 番의 사랑의 傷處를 오히려 多幸이라 여깁니다.

세 番째 사랑이라면
두 番의 사랑의 傷處를 오히려 多幸이라 여깁니다.

몇 番을 거듭한 사랑이라면
많은 사랑의 傷處를 오히려 多幸이라 여깁니다.
그만큼 큰 사랑이 있기에.

孤獨/고독, 多幸/다행, 番/번, 傷處/상처

知覺我愛的時候

要是第一次愛
感到至今孤獨却是幸運

要是第二次愛
感到一次愛傷却是幸運

要是第三次愛
感到兩次愛傷却是幸運

要是累累次愛
感到多愛傷却是幸運
如果當大的愛才在

지각아애적시후

요시제일차애
감도지금고독각시행운

요시제이차애
감도일차애상각시행운

요시제삼차애
감도양차애상각시행운

요시누누차애
감도다애상각시행운
여과당대적애재재

當身의 人生車

나는 當身이란 人生이 搭乘한 車의
四輪을 닦고
表面을 光澤내며
燃料를 注入하고
發動機를 管理하며
前照燈을 밝히고
모든 精誠을 쏟을 것입니다.
하지만 運轉은 當身의 몫입니다.

當身/당신, 搭乘/탑승, 車/차. 四輪/사륜, 表面/표면, 光澤/광택, 燃料/연료, 發動機/발동기, 管理/관리, 前照燈/전조등, 精誠/정성, 運轉/운전

爾生車

我爲爾生車
把四輪乾淨
把表面光澤
加燃料注入
管發動機强
管前照燈明
獻何極精誠
但運轉依爾

이생차

아위이생차
파사륜건정
파표면광택
가연료주입
관발동기강
관전조등명
헌하극정성
단운전의이

블랙홀

當身은
나의 周邊을
모두 빨아들이는 블랙홀 입니다.

그러나 當身이 나마저 빨아들인다면
當身은 한 宇宙입니다.

周邊/주변, 宇宙/우주

데이트

연인은 왜 데이트하나요.

상대에 대한 탐색과정인가요.
그건 필요 없어요.
이미 님을 확신하니까.

준비기간 동안의 위락인가요.
그것도 필요 없어요.
그대의 존재로 만족하고 있으니까

데이트는 님과 함께하기로 한정된
세상의 날을
하나하나 신중히 소비함입니다.

사랑과 容恕

님의 사랑이
더욱 필요한 이유는
우리의 행복과 안락을 위함 이전에,
지나간 일들이
모두 그대를 만나기 위한 과정이 되어
舊怨 있는 모든 이들을
용서하기 위함입니다.

舊怨/구원

세상과 사랑

흔히들 사랑은
무엇과도 바꾸지 못한다 하지만
당신이 가진 사랑은
무엇과도 바꿀 것이 없습니다.

당신은
사랑과 함께 세상을
다 가질 女人이니까요.

선택과 운명

당신은 나를 선택했습니다.
당신이 좋아해 선택했으니
당신은 싫으면 멀리할 수 있습니다.

그러나 내게 당신은
선택이 아니라 운명입니다.
나는 당신에게 好惡를 定ㅎ지 못합니다.

당신이 좋으면 행복하고
당신이 싫으면 불행할 뿐입니다.

好惡/호오

왜 詩를

나는 왜
詩를 쓰려 하지
피곤해 죽겠는데…

사랑의 마음을 나타내기 위해서인가

아니
사랑이 변치 않음을 나타내고
또 스스로
확인하기 위해서…

존재만의 행복

처음의 그대

그대가 나를 처음 불렀을 때
나는 세상을 몰랐고
사랑을 구할 용기도 없었습니다.

내가 세상을 알고
사랑을 구할 용기를 가졌을 때
그대는 이미 멀리 있었습니다.

이제 사랑의 완성에는
처음의 그대가 있어야 합니다.
처음의 그대는 그 누가 대신할 수 없습니다.
그대가 초심으로 돌아와야 합니다.

변함없는 사랑

그대와 처음 만났을 때
愛樂의 歡喜는 없었고
召命의 굳은 約束뿐이었어요.

그대를 기다림은
첫 만남의 기쁨보다 슬프지 않기에
사랑을 減殺하지 않아요.

愛樂/애락, 歡喜/환희, 召命/소명, 約束/약속,
減殺/감쇄

永遠 속의 만남

그님과의 만남이 지연된다 해도
그님을 원망하지 않습니다.

그님에게 점유되기 以前의 마음으로
방황의 영혼들에게
더 성의를 다할 수 있으니까요

그님과의 만남이 기약없는 것이라 해도
그님을 잃을까 초조해하지 않습니다.

이미 그님의 영혼과의 만남은
영원속의 인연으로 등재(登載)되었으니까요.

마음의 님

님의 마음씨를 압니다
그리고 님의 음성도 들었습니다
그리하여
님을 나의 소중한 친구로 삼았습니다.

혹자는 말합니다.
한 번 만나보고
최소한 모습이라도 받아보고서
소중한 친구를 정해야 하지 않는가요.

그러나 이제껏 찾았던 님은
理想의 外形의 님이 아니라
理想의 마음의 님이었습니다.

아름다운 모습과
체온과 향취는
사랑의 존재 이후의
부가의 행복일 따름입니다.

사랑은 자기의 바램이
모두 확인된 이후에야
찾아오는 것이
아니기 때문입니다.

非所有의 사랑

그녀와 우정을 나누고 있습니다.
그리고 가능하면
그녀와 사랑도 나누고 싶습니다.

그녀도 우정을 넘어
한 연인을 구한다고 합니다.
그런데 그 연인을 정했다고는
말하지 않습니다.

그렇다면 그녀가 연인을 구할 때까지
임시로 그녀의 연인이 되고 싶습니다.

그러면 당장의 일시적인 사랑을 하려는 것인가요.

그렇지 않습니다.
一年이 아닌 五年은 지속되었으면 합니다.
十年 그리고
二十年을 지속할 수 있다면 더욱 좋겠습니다.
내가 사는 생을 통해
할 수 있는 한 연장되면 좋겠습니다.

그런데 어떻게 임시의 연인이 되겠다고 하나요.

나는 그녀를 소유하지 않기 때문입니다.
우주의 영원 속에서 그녀의 영혼은
나와의 만남 이후에는
더욱 숭고하고 완성된 靈에
가까이 가야 할 것임을 알기 때문입니다.

당신의 자유

내 영역에 자리한 여럿의 나를
당신으로 하나하나 바꿉니다.

당신은 내 안에 부드럽게 자리해 앉습니다.
내 안의 당신의 감촉은 모나지 않습니다.

그럴 수 있는 내가 되기에는
당신을 모르며 지내야 했던
준비기간이 있었습니다.
이제까지의 나의 生은
당신을 받아들일 自身을
기르기 위한 과정이었습니다.

당신을 사랑하지만
당신의 자유를 두려워하지 않기에
당신을 받아들일 수 있습니다

心身의 統一

그님이 만남을 허락하시면
왜 감사할까요.

그님과 함께함이 주는 환희에 對한
감사함일까요.

아니에요.
님은 존재 그 자체로 감사이며 기쁨이에요.

님과의 만남이 감사함은
인간의 허황된 肉慾의 유혹에서 벗어나서
님과의 사랑에 의한
心身의 統一을 이루게 하심에 있습니다.

사랑의 꿈

그님과의 사랑은
왜 꿈으로 여겨질까요.

현실의 삶을 쉬고 靈界를 들러올 때에
그님을 만났기 때문일까요.

그님은 현실에 있습니다.

그님과의 사랑이
현실과 너무 먼 욕심인 때문일까요.

그님의 사랑은 확실합니다.

그님과의 사랑이 꿈으로 여겨지는 건
그님과의 사랑이
현실에 미처 상상하지 못했던 만큼의
기쁨이기 때문입니다.

숨께하는 사랑

내가 사랑하는 사람이란
그와 숨께 하다가
그와 숨께하지 않으면
내 삶이 무너지는 사람입니다.

그 숨께함이
實際의 것이든
想像의 것이든 말입니다.

숨/함, 實際/실제, 想像/상상

겨울을 허락해주세요

가을이 오래갑니다.
이 가을에 사랑을 갖지 못하면
다가올 긴 겨울이 막막함에
사랑을 갖지 못한 자는
겨울 맞기를 저어합니다.

겨울은 찾아오기 겸연스러운 듯
門발치에서 머뭇거리고 있습니다.

女神이여
가을 안에 사랑의 열매를 내려주소서
겨울은 당신의 허락을 기다리고 있습니다.

존재만의 행복

겨울 들어 님이 아니 오신지 오래
간밤에도 님 오시는 기척에 퍼뜩 깨었다
꿈인양하여 다시 눕기를 여러 번

소복이 눈 쌓인 오늘 아침
두근거리며 사립문밖을 나가보니
문 앞까지 왔다 간 님의 발자국.

님은 왜 들오시지 않으셨나요.
오셔 긴 밤 보내시면 情이 사무쳐
행여 님 못보낼까 저어하시나요.

님은 모르시겠지요.
세상에 님의 존재로 행복을 갖는 자는
님이 오셔 온 밤 함께 품어 지내는 기쁨이나
 아침에 님이 문 앞에 오신 발자국을 찾은 기쁨이나
 존재의 행복은 마찬가지임을

꽃씨의 겨울

겨울은 누가
따스하게 보낼까요.

나무둥치 속 엄마품 안에서 뒹굴며
엄마가 세상의 전부로 아는 아기 곰일까요.

겨우내 먹을 양식 풍부한 아늑한 땅속집안에서
오순도순 저들만의 행복을 누리는 개미가족인가요.

사람들은 그보다도 함께 따스한 체온을 나누며
벽난로 앞에 몸을 기댄 연인의 겨울이 가장 따스하다고 하겠지요.

하지만 大地의 품안에서
봄날의 님 만날 희망을 품어 안고
고이고이 껍질 속에 숨어 웅크린
꽃씨의 겨울도 따스하답니다.

아지랑이 님

겨울 山 高木의 雪花는
어딘지 알지만 멀어서 못 만났고
봄 山 능선의 아지랑이는
가까우나 어딘지 몰라서 못 만납니다.

새봄에 오시는 님은
마음도 함께 오셔서
봄언덕의 眞달래같이
찾아가 느끼게 해주세요.

님을 숭배함

님의 사진을 걸고
女神을 섬기듯 숭배합니다

다른 우상숭배와는 달리
님에 對한 숭배는
세상에 함께 한다는 확신이 있고

때가 되면
女神의 자비를 얻듯
체온과 촉감을 받을 수 있습니다.

그리고 님에 對한 숭배는
함께 더 큰 숭배로 나아갈
예비단계이기도 합니다.

그님이 아프지 않도록

사랑의 결과는
행복의 공유이거나
아픔의 偏重입니다.

행복의 공유는
自意로 얻지 못하나
아픔의 偏重은
自意로 甘受합니다.

행복의 세상은
행복을 나누는 세상임에
행복을 스물 가진 이는
행복을 하나 가진 이에게 줍니다.

그러나 아픔을 스물 가진 이는
아픔을 하나 가진 이에게 주지 않습니다.

스무 아픔을 겪은 이보다
한 아픔을 겪은 이에게
새 아픔은 너무 큰 것이기에
그님에게 아픔을 주어 남길 일 없도록
끝내 自身 안에 품어
그님의 사랑에 용해되기를 기다립니다.

사랑의 强弱者

사랑의 强者로서는
至極히 些少한 마음씀이
사랑의 弱者에게는
嚴重한 證票입니다.

사랑의 强者에게는
便宜한 餘裕로움이
사랑의 弱者로서는
桎梏속에 救援을 기다림입니다.

偏重/편중, 自意/자의, 甘受/감수, 强弱者/강약자, 至極/지극, 些少/사소, 嚴重/엄중/ 證票/증표, 便宜/편의, 餘裕/여유, 桎梏/질곡, 救援/구원

님에 對한 믿음

님을 믿으면
마음의 행복을 받습니다.
님을 믿지 않으면
못 견딜 방황을 맞습니다.

그래서 님에 對한 믿음은
내게서 절대가치입니다.

그래도 님에 對한 믿음을 점검하고 싶어 함은
믿음의 어긋남을 대비하렴이 아니라
님을 믿음이 혹 과분한 욕심이 아닌가 自問할만큼
님을 우러르기 때문입니다

님의 것

님의 선물을 받았으나
소유하지 않았습니다.

내게 있는 것 중에
님의 것은 나의 것보다 소중합니다.
나의 것은 나의 마음에 달려있지만
님의 것은
님을 소중히 여김 같이 간직해야 합니다.

그것은 님의 사랑 또한
나의 소유가 아닌
神으로부터 빌려 받은 것이기에
저와의 만남을 마치고
소중히 神께 돌려드려야 하는 것과 같습니다.

필요한 사랑

님을 사랑함은
권리라고 하지만
나는 그것이 의무가 되고 싶습니다.

님을 사랑하고 싶으면 사랑하고
그렇지 않으면 언제라도 버리고
용서받을 수 있는 사랑은
사랑이라 할 수 없습니다.

내가 님을 사랑하다
사랑하지 않으면
님은 아쉬움을 넘어 원망하고
못 잊어 끝끝내 저주할 수밖에 없는 …
그렇도록 님에게
필요한 사랑이고 싶습니다.

사랑의 從

土器匠이가 土器를 만들 때
精誠들여 上品을 빚든
막손질로 下品을 빚든
土器는 오직 被造에 感謝할 따름입니다.

사랑의 主가 사랑의 從을
心身의 愛人으로 삼든
마음만의 親舊로 對하든
從은 오직 關心에 感謝할 따름입니다

從/종, 土器匠/토기장, 精誠/정성, 上品/상품, 下品/하품, 被造/피조, 感謝/감사, 主/주, 心身/심신, 愛人/애인, 親舊/친구, 關心/관심

오래된 사랑

오래된 사랑이
自滅하지 않는 限
새로운 사랑이
오래된 사랑을 이기기는 어렵습니다.

오래된 사랑이
오랫동안 쌓은 믿음을
새로운 사랑이
短時에 앞지르기란
아우가 兄의 나이를
앞지르려 함이나 같습니다.

自滅/자멸, 限/한, 短時/단시

해방자 그대

숨결과 체온은 소유하지 않아도
그 마음의 음미로
사랑을 느끼게 하는 님이여

당신의 젊은 인생에도
지난 세월 후회와 아쉬움과
안타까움이 많았겠지요.

나 역시 때때로
그때 그 결정을 왜 그렇게 했던가
그때 그 기회를 왜 붙잡지 못했던가
왜 내가 그때 더 과감하지 못했을까
허망하게 찾아오는 회한으로
과거에 사로잡힌 현재를 살기도 했습니다.

이제 당신의 존재로
과거의 그 모든 인생의 어긋남들이
당신을 만나기 위한
미로의 과정이었음을 알게 되면
나의 현재는 과거로부터 해방되고
당신은 내 마음의 해방자로 자리할 것입니다.

사랑의 보험

인생의 보험은
불행의 예비가 아니라
행복을 순행하면서
다른 이들과의 나눔을 위함입니다.

님을 기다리는 중
님의 친구에게 성의를 다하고자 함은
님의 사랑의
기약에 對한 보험입니다.

愛實

貪스러이 익어가는 桃實을
섣불리 따지 못함은
설익음에 失望하기 저어함입니다.

설익은 桃實은
가지에 다시붙이지 못하니까요.

愛實/애실, 貪/탐, 桃實/도실, 失望/실망

님은 운명이기에

님을 간절히 원할 때
님이 오시든
님이 아니 오시든
님을 사랑할 것입니다.

다만 님이 오시면
그러기에 더욱 사랑하고
님이 아니 오시면
그럼에도 계속 사랑할 뿐입니다.

大乘의 戀愛

님을 爲한
世俗의 誠은 盡했다 해도
님을 爲한
藝文의 誠은 남아있습니다.
님과의 小乘行蹟은 種子가 되어
大乘의 說法을 이룰 것입니다.

大乘/대승, 戀愛/연애, 爲/위, 世俗/세속, 誠/성, 盡/진, 爲/위, 藝文/예문, 小乘行蹟/소승행적, 種子/종자, 說法/설법

山과 愛人

登山을 자주하는 사람들은
山을 사랑한다고들 합니다.

그러나 山을 가장 사랑하는 方法은
山에 안 가는 것입니다.

山은
消極的인 者에게 좋은 名分을 줍니다.

그러나 愛人은 그렇지 않습니다.

登山/등산, 方法/방법, 消極的/소극적, 名分/명분

공주의 수수께끼

공주님은 제게
얼마나 더한 모험의 통과를 바라시나요.

公主님
現代의 公主님은 굳이
죽음의 수수께끼를 걸지 않아도
그대로 公主이실 수 있습니다.
이미 公主님은 저를 選擇했고
被擇者는 할 수 있는 限
至極한 사랑의 精誠을 드렸으니
公主님은 옛 투란도트公主와 比肩되는
現代의 公主입니다.

公主/공주, 現代/현대, 選擇/선택, 被擇者/피택자, 限/한, 至極/지극, 精誠/정성, 比肩/비견

그님이 내님 될 때

그님은 언제
내님이 될까요?

그님을 愛慕하는 動機가 消滅하고
그님서 느끼는 魅力이 떨어지고
그님에 빠졌던 熱情이 식고
그님 向한 삶이 脫盡하였을 때

그때
다시 그님 앞에 일어설 수 있다면
그때
그님은 당신의 님이 됩니다.

愛慕/애모, 動機/동기, 消滅/소멸, 魅力/매력, 熱情/열정, 向/향, 脫盡/탈진

사랑의 균형

당신은 너무 충분하고
나는 너무 부족합니다.

그럼에도 두 사람의 만남이
균형되는 이유는

당신이 나를 만나러 치렀던 희생보다
내가 당신을 만나러 치렀던 희생이 큰 때문입니다.

사랑의 확률

만약 우상으로 삼는 明星이
자신의 사진과 서명을 준다면
소중히 간직하고,
비록 思慕하지만
만나주지 않는다하여
怨望ㅎ지도 않을 것입니다.

그대와 明星에게서
다른 것은 다만
사랑의 확률뿐입니다.

明星/명성(스타연예인), 思慕/사모, 怨望/원망

사랑의 氣力

사랑의 氣力이 아직 盛할 때
當身을 사랑하고
사랑의 氣力이 衰한다면
當身을 떠나보내려 했었습니다.

그러나 當身은
사랑의 氣力이 아직 盛할 때
두루 사랑을 겪을 自由를 주고
사랑의 氣力이 衰한다면
마지막에 거두려 함인가 합니다.

氣力/기력, 盛/성, 當身/당신, 衰/쇠, 盛/성,
自由/자유,

사랑의 安着

사랑이 安着못함은
님의 사랑을 疑心해서가 아닙니다.

님에게서 나의 存在는
님의 사랑에 對한 믿음에 달려있기에

님을 疑心함은
나의 存在否定입니다.

다만 님이 내게 願하는 것이
나의 存在를 이루는 것
그 以上의 것일까 두려워함입니다.

安着/안착, 疑心/의심, 存在否定/존재부정, 願/원

사랑의 전쟁

生死의 전쟁은
죽기를 두려워 않는 자가 승리합니다.

사랑의 전쟁은
홀로 남기를 두려워 않는 자가 승리합니다.

가장 좋은 愛人

가장 좋은 愛人은
어떤 愛人일까요.

만나고 싶어 할 때
기꺼이 만나주는 愛人일까요.

그것은 左傾의 愛人일 뿐입니다.

그녀와의 사랑이라면
世上을 다 가진 듯 해주는 愛人일까요.

그것은 右傾의 愛人일 뿐입니다.

가장 좋은 愛人은
그녀를 變ㅎ지 않고 사랑하는 것이
그녀를 爲하여 最善임을
確信ㅎ게 해주는 愛人입니다.

左傾/좌경, 右傾/우경, 變/변, 最善/최선,
確信/확신

님의 소식

님으로부터
오래도록 소식이 없을 때

님에 대한 사랑만 있을 때에는
님의 나에 대한 사랑이 혹 달라졌을까 하는
利己的 안타까움이 싸고돕니다.

님에 대한 사랑에 믿음이 함께할 때에는
님에게 피치 못할 心身의 아픔이 있지는 않은가 하는
利他的 안타까움에 휩싸입니다.

그래도 사랑은 계속됩니다.
님은 當身을 사랑하지 말라 한 적이 없으니까요.

님에 대한 사랑만 있을 때에는
사랑의 불씨가 꺼질 때까지 사랑은 계속됩니다.

님에 대한 사랑에 믿음이 함께할 때에는
믿음의 불씨가 꺼지지 않는 한
사랑의 불씨는 흔들리지 않습니다.

利己的/이기적, 利他的/이타적

큰사랑을 할 者에겐

天將降大任於斯人也其心志 苦其筋骨
餓其體膚 窮乏其身行 拂亂其所爲
動心忍性 增益其所不能 - 孟子

천장강대임어사인야기심지 고기근골
아기체부 궁핍기신행 불란기소위
동심인성 증익기소부능 - 맹자

하늘이 장차 큰일을 맡길 자에게
뼛속깊이 아픔을 주고
몸을 주리게 하고
가는 길을 고달프게 하고
하는 일을 어지럽히는 것은
그 마음에 참을성을 길러
못했을 일도 이뤄내게 함입니다.

하늘이 장차 큰 사랑을 이룰 자에게
깊은 실연의 아픔을 주고
때때로 사랑에 주리게 하고
사랑의 길이 열리기 어렵게 하고
成事가 거듭 뒤틀리게 하는 것은
사랑의 忍性을 길러
큰사랑을 위해 어려움을 이겨내게 함입니다.

愛情의 財産

寶石商의 貪나는 金剛石을
全財를 들여 買收하며는
그 다음 生活은 어찌할까요.

사랑으로 모든 것을 消盡하고
그대 爲해 아무것도 할 수 없을 때
그대는 내게 무엇을 주실 수 있나요.

愛情/애정, 財産/재산, 寶石商/보석상, 貪/탐, 金剛石/금강석, 全財/전재, 買收/매수, 消盡/소진

님의 開心

꽃잎을 감춘 봉오리가
잎새 위로 고개를 내미는 것은
다가올 開花를 準備함입니다.

님이 沈黙에서 벗어나
包心의 言을 發함은
님의 開心이 다가옴입니다.

開心/개심, 開花/개화, 準備/준비, 沈黙/침묵,
包心/포심, 發/발

사랑의 實體

엄마와 함께함이
아무리 좋아도
더 以上 아무것을
바라지 않아도
이윽고 엄마품을
떠나야 합니다.

世上에 그님의
存在만으로 幸福하고
그님을 思慕함에 滿足하고
더 무엇을 願ㅎ지 않아도
이윽고 그님을 만나
사랑의 實體를 認識해야 합니다.

實體/실체, 以上/이상, 幸福/행복, 思慕/사모, 滿足/만족, 願/원, 認識/인식

因緣

現世의 人間因緣은
限定의 期間이지만
사람들은 늘리고 싶어 합니다.

그리하여 現世의 緣 以上으로
마음으로 報償하려 합니다.

그것은 因緣期間 以後의 그리움일 數도 있고
因緣期間 以前의
모든 것을 바침일 數도 있습니다.

現世/현세, 人間因緣/인간인연, 限定/한정,
期間/기간, 以上/이상, 報償/보상,
因緣期間/인연기간, 以後/이후, 以前/이전

結詩

이제 한 詩集을
마무리할 때입니다.

詩가 사랑을 불러
사랑이 오고나면

詩는 사랑을 딛고 올라
더 멀리 더 크게 외칠 것입니다.

結詩/결시, 詩集/시집

義의 사랑

該悔再會

雖神擇愛
而不順從
神怒裂放
散列邦的
該悔再會

해회재회

수신택애
이불순종
신노열방
산열방적
해회재회

神이 택하여 사랑했으나
불순종했기에
神이 노하여 갈가리 찢어
列邦에 흩뜨려진 자들은
마땅히 회개하여 다시 만나야 합니다.

再會

婚夫婦能離
交男女能別
夫能找走婦
男能呼藏女

재회

혼부부능리
교남녀능별
부능조주부
남능호장녀

혼인한 부부도 이혼할 수 있듯
사귀던 애인도 헤어질 수 있습니다.
남편이 도망간 아내를 찾아다닐 수 있듯
남자는 숨은 여자를 불러낼 수 있습니다.

黃河戀歌

黃河를 찾던 나그네는
목이 말라 샘물에 머물렀습니다.

그대는 黃河를 찾아 가시나요.
예 나는 黃河를 欽慕하기에
黃河에 接하고자 가는 길입니다.

그대여 黃河에 幻想두지 마세요.
黃河는 深遠한 뻘에 싸여 接近도 어렵지만
接하다 汚泥에 傷할까 念慮됩니다.

나그네는 샘물을 마시고 氣運을 차렸습니다.
그러나 샘물에는 머물지 못했습니다.

이제 그는 다시 黃河를 向해 갑니다.
黃河를 欽慕하며 사는 生이기에

黃河/황하, 戀歌/연가, 欽慕/흠모, 幻想/환상,
深遠/심원, 接近/접근, 汚泥/오니, 傷/상,
念慮/염려, 氣運/기운

濟南戀歌

濟南에서는
두 愛人을 사랑하지 마세요.

濟南에서는
한 愛人만 사랑하세요.

그렇지만
한 傷人을 남기진 마세요.

濟南에서는
한 愛人과
한 友人을 사랑하세요.

濟南/제남, 傷人/상인

濟南風景

公園의 奏樂도 거리의 唱歌도
님이 들었던 것인 만큼 好聽하지만

街路의 먼지도 車輛의 煤煙도
님이 마셨던 것이기에 好吸합니다.

市場의 生鷄屠殺도 쌓인 羊頭도
님이 보았던 것이기에 好看합니다.

風景/풍경, 公園/공원, 奏樂/주악, 唱歌/창가, 好聽/호청, 街路/가로, 車輛/차륜, 煤煙/매연, 好吸/호흡, 市場/시장, 生鷄屠殺/생계도살, 羊頭/양두, 好看/호간

好朋友

好朋友是
在我心裏把己換她的

常常讓
一起視同方的

相見
日新又日新
日親又日親
所以日好又日好的

做爲朋友不爲自己的
行求義不求利的

호붕우

호붕우시
재아심리파기환저적

상상양
일기시동방적

상견
일신우일신
일친우일친

소이일호우일호적

주위붕우불위자기적
행구의불구리적

좋은 親舊는
내 마음속에
나 代身 자리 잡는 者

함께 늘
같은 곳을 바라보게 하는 者

서로의 만남이
日新又日新하고
日親又日親하여
日好又日好되는 者

親舊를 爲하고 自己를 爲하지 않는 者
義를 따르며 利를 따르지 않는 者
입니다.

好朋友/호붕우, 親舊/친구, 代身/대신,
日新又日新/일신우일신, 日親又日親/일친우일친,
日好又日好/일호우일호, 利/리

義的愛

在利的愛
甲盼乙的美
乙試甲的愛

在義的愛
相知天命相交友
兩人交流淡如水

의적애/재리적애/갑반을적미/을시갑적애
재의적애/상지천명상교우/양인교류담여수

利의 사랑에서는
甲은 乙의 美에 盼하고
乙은 甲의 사랑을 試驗합니다.

義의 사랑에서는
서로가 天命을 알고 交友하니
그 사이가 淡淡하기 물과 같습니다.

盼/반, 試驗/시험, 天命/천명, 交友/교유,
淡淡/담담

許友誼

在利的愛
是朋友異性
發肉體慾情
妨友誼發展

在義的愛
是朋友異性
讓如何靠近
許友誼到極

허우의/재리적애/시붕우이성/발육체욕정/방우의발전
재의적애/시붕우이성/양여하고근/허우의도극

利의 사랑에서는
친구가 異性임은
육체의 욕정을 일으켜
우정의 발전에 방해가 됩니다.

義의 사랑에서는
친구가 異性임은
더욱더 가까워지게 하여
우정의 극치를 얻게 합니다.

義愛人

在利的愛
以美唆情
使求愛的

在義的愛
緣最親友
帶女身的

의애인/재리적애/이미사정/사구애적
재의적애/연최친우/대녀신적

利에서의 사랑은
美로써 情을 불러일으켜
求愛하게 합니다.

義에서의 사랑은
가장 친하게 인연 있는 친구가
여자의 몸을 가진 것입니다.

辨證的愛

正愛要男
反愛要金
合愛要友

변증적애

정애요남
반애요금
합애요우

맨 먼저 만난 正의 사랑은
남자다움을 요구합니다.
그것이 문제되어
다음에 만난 反의 사랑은
금전을 필요로 합니다.
그리하여 결국에 만나는 合의 사랑은
우정을 필요로 할 따름입니다.

許佩友

孩子之愛
是爲一起
充足欲情
人讓有女

君子之愛
是爲一起
探討眞理
天許佩友

허패우/해자지애/시위일기/충족욕정/인양유녀
군자지애/시위일기/탐토진리/천허패우

아이의 사랑은
욕정을 함께 충족하려
사람 중에 여인을 얻는 것입니다.

君子의 사랑은
함께 진리를 찾고 논하려
하늘이 함께할 친구를 허락하는 것입니다.

爲義的美

爲利的美
唆男人
追求女人
迷惑墮放蕩

爲義的美
使雖寡聖還懷志者
略過以外女
專心爲成義

위의적미/위리적미/사남인/추구여인/미혹타방탕
위의적미/사수과성환회지자/약과이외녀/전심위성의

利를 위한 아름다움은
남자를 부추겨
여자를 좇도록 하여
미혹과 방탕에 이르게 합니다.

義를 위한 아름다움은
聖人이 못될지라도 뜻을 품은 자로 하여금
다른 여자들에 超然하게 하여
義의 성취에 專心하게 합니다.

聖人/성인, 超然/초연, 專心/전심

義美人

利美人
以美揚己
誘引迷美

義美人
以美慰他
不許沈美

의미인

이미인
이미양기
유인미미

의미인
이미위타
불허침미

利의 美人은
美로써 자기를 높이고
남을 유인해 美에 현혹되게 합니다.

義의 美人은
美로써 남을 즐겁게 하지만
美에 빠져들게는 않습니다.

달과 물과 여인

하늘에는 달이
땅에는 물이
사람 중엔 여인이 아름답습니다.

하늘에선 해가
땅에서는 흙이
사람 중엔 남자가 책임을 맡습니다.

月水女

天中月
地中水
人中女
是美麗

天中日
地中土
人中男
有責任

월수녀/천중월/지중수/인중녀/시미려
천중일/지중토/인중남/유책임

사랑의 서정시집

채팅실 로미오와 줄리엣

사랑의 正體

옛적에
鍊金術이라는 것을 사람들이
연구하던 때가 있었지요
귀중한 金을 다른 물질을 서로 섞어서
만들 수는 없을까 하고 말입니다
그러나 金을 다른 것을 섞어서 만들 수는 없었어요

왜냐하면 金은 그 이상 다른 것으로 분해될 수 없고
다른 것으로부터 만들어지지 않는
그 자체로서의 물질
즉 元素이기 때문이었지요
사랑도 역시 그와 마찬가지입니다

사랑은 하나의 元素로서
다른 여타 감정으로부터
합성해 낼 수 있는 것이 아니지요

몸바치는 사랑

사랑의 삼단계

덴마크의 철학자 키어케고는
實存의 삼 단계를 얘기했습니다

제일 첫 단계는
美的 실존으로서
돈환과 같이 쾌락만을 좇아
생활하는 단계입니다

그러나 이러한 생활도 어느덧
그 한계를 맞이하게 됩니다
그리하여 모든 생활을
올바른 규범에 따라
자기를 절제하면서 살아가는
윤리적 실존의 생활을
택하게 되는 것입니다

즉 사람의 理性的 판단에 의한
최선의 삶을 추구하게 된다는 것이지요

그러나 역시 이러한 생활도
인간의 한계에 부닥치게 되어
회의(懷疑)를 가져오게 되는 것입니다

마지막으로 택하는 길이
종교적 실존입니다

자기의 理性에 의한 판단을
모두 버리고 절대적으로
神에게 의존하는 것입니다

즉 신에게의 믿음으로써
그 종착점을 삼는 것입니다

이와 같은 삼 단계가
사랑의 경우에도
그대로 적용됩니다

맨 처음 남녀가 만나
異性에 對한 호기심과 만남이 주는 쾌락으로
둘의 사이는 의미를 갖게 됩니다

관계가 발전되면서 둘 사이에
서로의 마음을 理解하여 감싸주는
서로의 정신적인 사랑이
큰 비중을 차지하게 됩니다

그러나 어차피 서로 다른 인간이
어떻게 다른 한 사람을

완전히 이해할 수가 있겠습니까
이해만을 최선으로 삼다가는
갈등을 피할 수 없습니다

결국은 이해되지 않아도
서로의 마음을 믿는
조건 없는 믿음이 곧
사랑의 완성 단계인 것입니다.

그대여

아직도 내 마음을 믿지 못해
사랑의 응답을 망설이는 그대여
지나온 이야기 가슴에 품은 채
내게로 들어옴이 두려운가요

이제 당신의 때가 왔어요
지나간 모든 일은
오늘의 당신을 이루기 위한 것이었어요

가슴 아픈 사연
적막한 나날들
그 모두를 알을 까고 나오는
재탄생의 과정으로 승화시키고
이제 눈물을 닦고
그대 아름다운 인생의
새로운 출발점에 서셔야지요.

그녀와 이야기하고 싶다

바닷가
한 전망 좋은 카페에서
그녀와 이야기하고 싶다

창가에는 그녀와 나 단둘이 있고
카페 안에는 한두 명 손님이
있을까 말까한 한적한 시간
시간은 오전 열한시에서 오후 다섯시 사이가 좋다

그날은 해가 나지 않았으면 좋겠다
밝은 햇빛 아래서는 나 자신을
되도록 숨기고만 싶기 때문이다
비를 무척 좋아하는 나지만
그날은 억수 같은 비는
내리지 않았으면 좋겠다

초면의 그녀 앞에서
필요 이상의
감성과 우수는
적합치 않기 때문이다

대화는 깊으면 깊을수록 좋겠지만
서로의 구체적인
신상 얘기는 피하고 싶다.
정작 더 중요한 것을
넘어가 버릴 위험이 있으니까

이윽고 대화를 마치고 나서는
같이 카페를 나오는 것은 피하고 싶다
그날 하루의 감흥이
어색해지고 싶지 않기 때문이다

그녀가 먼저 가고 나는
어둑어둑해진 바깥이 비치는 그곳에서
다시 칵테일 한잔을 시켜 마시고 나서
혼자 여운을 가지며
밤길을 걸어 돌아올 것이다

그때는 쌀쌀한 바닷바람은 이미
내게는 느껴지지 않을 것이다
그렇게 그녀를 整理하고 싶다.

그대 사랑이 우주와 함께 영원하리

그 옛날 銀河界가 생겨날 적부터
그대와 나와의 사랑의 씨는 생겨났었네

우리의 太陽이 생겨날 적에도
우리의 사랑은 자라고 있었네

地上에 생명이 움틀 때에도
우리의 사랑은 자라고 있었네

숱한 生物이 明滅할 적에도
우리의 사랑은 자라고 있었네

인간의 아름다운 肉身을 빌어
우리의 사랑은 꽃을 피웠네

우주의 永遠이 지속되는 한
우리 사랑의 열매 영원하리라.

幻影

저녁, 축제에 분주한
市內의 大路를 지나며
숱한 아가씨의 어여쁨을
느낄 수 있었어요

정말 이 소중한 人生들이
저마다 나름의 사랑을 꽃피우며
저마다의 아름다운
生의 설계를 이뤄 가야 할 텐데
하고 염려될 정도로

그러나 그 모든 實相 속에서도
유독 당신의 幻影은
두드러지게 순결하고
청초한 모습으로 나타났어요.

봄

봄이 오니 거리엔
예쁜 몸매를 지닌 여인들이 저마다
산뜻한 미니스커트를 차려입고
저들의 자태를 뽐내며
視線을 끄는 모습이 보여요

그러나 올해는 여느 때와는 달리
우리 그대는
自身의 外的 아름다움에 만족하지 않고
진지하게 自己를 다듬는
삶을 지낸다 생각하니
그들을 지나치는 눈이 퍽이나
가볍고 여유롭습니다.

밤(夜)

오늘밤도
그대의 牛乳ㅅ빛 裸身은
또 한 번의 空虛한 밤에
파르르 떨며
어둠 속을
뒤척이고 있겠지요.

손길과 體溫

그대는 우리가 더 만나
얘기를 계속해 봐야 한다고 하지요
서로 더 얘기하고
서로 더 자주 만나야
서로에 대해 잘 알 수 있다고

먼젓번 만남에서는
처음 만난 사람을 위해
나의 많은 이야기들을 하며 보내었지만
이제 더 무슨 이야기가 필요할까요

나에 關한 總論은
이미 다 말씀드렸어요
이제 身上에 對한 各論은
굳이 일부러 알리기보단
살아가면서 자연스럽게 아는 것이
좋지 않겠어요?

아니 나의 쪽에서도
그대를 더 자세히 알기 위해
대화를 해야 하는 것이
아니냐고 물으시는군요

저는 이미 그대가 저와
類緣의 인간임을 알고 있어요
큰 줄기가 일치하는 사람에게서
잔가지의 불일치를
구태여 서둘러 찾고 싶진 않아요

만남과 만남이 거듭함에 따라
사람과 사람은
서로 다른 점이 자꾸 보이는 법
그 다른 점들은
섣불리 기피의 사유가 되는 것보다는
오래도록 하나하나 서로가
극복하고 조화시킬 것이 되어야지요

젊고 순수한 그대에게서
새로이 무엇을 배우고
의지하고자 할 것은 없어요
상대에게서 진실로 우선되게 원하는 것은
따스한 손길과 체온이 아닐까요
손길과 체온을 주는 사람이라는 사실보다
더 중요한 결정변수는 없습니다.

純白의 그대

다가올 無限한 사랑을 받을
純白의 바탕을 지니고
이제껏 살아오신
그대는 훌륭합니다

사랑을 듬뿍 받아 꽃처럼 피어날 그대
이제 그대를 아는 모든 이들의
부러움을 얻게 될 것입니다.

몸 바치는 사랑

그대여
이제 우리는 서로에게
一部가 아니라 全部입니다

사람들은 모두들 남을 위해
뭔가를 하며 살아가고 싶어하지요

自身의 一部를 남에게 바쳐 일함은
남다른 뛰어난 이들만이 할 수 있습니다
하지만 自身의 全部를 남에게 바침은
그 어떤 남다른 뛰어남도 필요치 않습니다

自身의 一部를 남에게 바쳐 일하기 위해서는
제각기 뛰어남을 주장하는 다른 이들을
물리쳐 이겨야 합니다
하지만 自身의 全部를 바치기 위해선
그 어떤 남과의 겨룸도 필요치 않습니다

自身의 一部를 내준 뒤에는
후회하면 되찾을 수 있답니다
하지만 自身의 全部를 내준 뒤에는
후회해도 되찾을 수 없답니다.

사실은 당신이 내 마음을 모르기 때문이에요
其實爾不懂我的心

爾說我像雲捉摸不定
당신은 나를 구름같이 알 수 없는 이라 하지요
其實爾不懂我的心
그러나 실은 내 마음을 모르기 때문이에요
爾說我像夢忽遠忽近
당신은 나를 꿈결같이 왔다가곤 한다 하지요
其實爾不懂我的心
그러나 실은 내 마음을 모르기 때문이에요
爾說我像謎總是看不淸
당신은 나를 수수께끼같이 도무지 알 수 없다 하지요
其實我用不在乎掩藏眞心
그러나 실은 내가 진심을 숨기기 때문이에요
怕自己不能負擔對爾的深情
당신의 깊은 사랑을 감당 못할까 두려웠어요
所以不敢靠爾太近
그래서 감히 당신에게 너무 가까이 가지 못했죠
爾說要遠行暗地裏傷心
당신은 멀리 떠나면 마음속 상처를 받는다지만
不讓爾看到哭泣的眼睛
슬피 우는 눈물을 당신께 보이기 싫어서였어요.

- 漢字찾기讀音 -
니설아상운착모부정
기실니부동아적심
니설아상몽홀원홀근
기실니부동아적심
니설아상미총시간부청
기실아용부재호엄장진심
파자기불능부담대니적심정
소이불감고니태근
니설요원행암지리상심
부양니간도곡읍적안정

출처: 중국 노래
唱: 童 安 格

먼 훗날 그들은

지금 그대와의 처음 만남과
그 즈음의 대화를 생각하면
아득한 먼 옛날의
꿈과 같은 이야기로 느껴집니다

우리의 사랑이 결실을 맺어
그 삶이 자리를 잡을 무렵엔
지금 우리의 이야기 또한
먼 옛날의 애틋한
사랑의 이야기로 느껴오겠지요

아니, 아주 먼 훗날 언젠가
그 누군가 우리의 이야기를 알게 된다면
그들은 말하게 될 거예요

그 時代는 참으로
아름다웠던 時代였을 것이라고.

가을에는 사랑을

봄에는 새 학기가 시작되면서
새로이 만난 이들과 봄볕 아래서
한해를 설계하며 희망찬 대화를 나누는
만남이 즐거웠어요

만남의 깊이는 여름이 더해가며 깊어지고
서로를 알게 되면서
맞지 않는 이들과는 멀어지고
대화의 상대는 추려져만 갔어요

이제 가을에는 불완전한 대화는
차라리 원치 않으며
때로는 고독을 자청하면서
그 고독의 근본 해결을 갈망하게 되었어요

이 가을에 아무 것도 이루지 못하면
다가올 춥고 긴 겨울은
어떻게 보내야 할까요.

가을에 사랑하는 이유

캠퍼스의 새봄이면
새로 만난 학우들과
따스한 봄볕 아래서
삼삼오오 모여 앉거나 거닐면서
그해의 계획을 설계하며 담소하는 즐거움을
나는 잊지 못합니다

새로 만난 친구는
서로에 대해 잘 모르기 때문에
서로의 소개 자체가 그대로
서로간에 호기심 끄는
대화거리가 될 수 있었어요

계절은 오월을 지나
새로 만난 친구들에 대해서도
서로들 잘 알게 되면서
서로의 소개는 더 이상
의미를 갖지 못하고
자기 마음이 잘 말해지는 친구를
그 중 가려내게 되지요

이제는 마음 맞는 이들끼리의

제한된 만남으로 향해 가는 것입니다
뜨거운 여름은 어찌 보면
사람을 가까이하고자 하는 마음을
불러일으키지 않는 계절이지요

그저 기존의 知己들과 어울려
계절의 절정을 넘기고 싶은
마음뿐이지요

지루한 폭염도 어느 날부터인가
우리 주위에서 빠져나가는 때가 되면
시원한 마음에 더불어
오히려 서운하고
무엇을 잃는 느낌마저 갖지요

봄에서 여름을 거치면서
점점 더 깊어지며 또한 좁아지는
사람들과의 교류는
결국 가을에 와서 그 극에 달하지요

이제 가을에는 서로의
만남의 한계를 알게 되면서
오히려 완전치 못한 만남보다는
때로는 쓸쓸히 낙엽지는 분위기와 어울리는
고독을 택하고도 싶지 않겠어요.

그리고 그 고독과 대비되는
완전한 만남 즉
사랑의 필요와 가치에 대해
몸소 느끼는 계절이지요

봄에서 여름
꼭 어느 날부터
여름이라 할 수 있을까요.
그저 매일같이
연녹색 나뭇잎은 짙어지고
내리쪼이는 햇빛은
날로 길어지고 높아지면서
우리의 주위는
서서히 변해 오는 것 아니겠어요.

여름과 가을의 사이도
더위가 쫓겨간 듯 하면서
다시 오기를 몇 번
그러면서 서서히 계절은
바뀌어 가는 것이지요

사랑을 하기에 몹시도 아쉬운 계절인
가을!
이 가을에는 꼭 다가올

그 춥고 긴 겨울을 맞이할
준비를 하겠다던 마음가짐을 가지고
사랑을 찾아 마음졸이며
하루하루를 지내던 그 어느 날……

갑작스레 내린 첫눈에 의해
그날 가을은 일순간에
이 세상에서 사라지고
춥고 긴 겨울은 여지없이
우리의 마음을
가두어 두고 마는 것이었어요.

十一月

그대여
이제 十一月입니다
저는 이 十一月을
一 年 中 가장 뜻 깊은 달로 생각합니다

한 해를 돌이켜보며
反省할 수 있으면서도
아직은 보람있게 보낼
남은 기간이 충분히 있습니다

原色의 山丹楓이 아름답다지만
灰色 步道에 떨어지는
褐色의 街路樹 잎으로도
늦가을의 정취는 충분합니다

깊어가는 가을밤은
생각하는 사람이
더욱 현명해질
기회를 만들어줍니다.

反省/반성, 原色/원색, 山丹楓/산단풍, 灰色/회색, 步道/보도, 褐色/갈색, 街路樹/가로수

첫눈 1

가을은 더 계속될 줄 알았는데
갑작스레 내린 첫눈은 대지를 덮어
가을을 일순간에 끝내 버렸어요

찬바람을 쏘인 당신의 얼굴이
요즈음 더욱 아름다워요.

첫눈 2

외출하기 전 창문을 열어
밖의 바람을 느껴 보았습니다

거리엔 뒹구는 나뭇잎도 드물고
가로수는 적갈색으로 늘어서 있습니다

나는 맨손이 시릴 것 같아
장갑을 준비했습니다

무엇 하나 성취한 것 없이
또 한 해가 지나갑니다

아직은 겨울임을 인정하고 싶지 않지만
어느 날의 첫눈으로
가을은 종지부를 찍겠지요

하지만 올해의 첫눈은 두렵지 않아요
가을이 가기 전에
그대의 사랑을 확인했으니까요.

채팅실
로미오와 줄리엣의 이야기

채팅실 로미오와 줄리엣의 이야기 1

밤마다 로미오는
줄리엣에게 귓속말을 청했다
줄리엣도 로미오와의
귓속말을 위해
밤마다 대화방에 들어왔다

둘이의 귓속말 시간은 서로에게 있어
하루 중 가장 행복한 시간이었다

로미오는 어느덧
줄리엣과의 귓속말이 아니면
대화방에 의미를 갖지 못하게 되었다

줄리엣 또한 마찬가지였다
로미오와의 귓속말이 아니면
대화방에 의미를 갖지 못하게 되었다

로미오는 밤에 대화방에 들어오려다
줄리엣이 없는 것을 보고는
들어오지 않았다

줄리엣과의 귓속말을 위해서만

대화방에 들어오는 자기의 마음을
그녀가 알아주지 못할까 해서였다

줄리엣은 대화방에 들어오려다
로미오가 없는 것을 보고
들어오지 않았다
로미오가 없이도 대화방에 들어오는
자신을 보이기 싫어서였다

이렇게 하여 둘은 점차
이루어질 수 없는 사이로 되어 갔다.

채팅실 로미오와 줄리엣의 이야기 2

로미오는 채팅실에서의
줄리엣에게서 보이는
知的이고 고결한 정서에 감동했다
로미오는 이 벅찬 감격을
영원토록 유지하고 싶었다

줄리엣 또한 마찬가지였다
로미오의 자상하고 따뜻한
인간미 넘치는 대화에
줄리엣의 마음은 포로가 되어 있었다
줄리엣 역시 로미오에게서 느끼는
크나큰 사랑의 감정을
영원토록 누리고 싶었다

줄리엣을 그리던 로미오는 한번
그녀를 만나 볼까 생각했다
그러나 그는 망설여졌다
막상 그녀를 만나면 혹 그녀가
자신의 핸섬한 외모에 어울리지 않는
모습을 가진 것을 알게 되어
자기의 그녀에 대한
사랑이 손상될까 두려워서였다

줄리엣 또한 로미오와 직접 만나
그의 품에 안겨보는 상상을 했다
그러나 정작 만나면 혹
그가 자기의 눈부시도록 아름다운 모습에
어울리지 않는 凡夫의 모습으로 나타나
자기의 그에 대한 사랑이 퇴색될까
만나기가 심히 두려워지는 것이었다

이러하면서 그들은 어쩔 수 없이
서로 이루어질 수 없는
사이로 되어 가는 것이었다.

컴퓨터의 성능과 인간의 思考

전산기(電算機)에서
원반기억장치(原盤記憶裝置,하드디스크)와
중앙처리장치(中央處理裝置,CPU)가
맡는 역할을 아나요.
그들을 우리 인간에 비유한다면
어떻게 설명될까요.

원반 기억 장치는 받아들이는 정보를
저장하는 일을 하므로
사람의 기억력에 해당하고
중앙처리장치는 정보를 받아
처리하는 일을 하므로
사고력에 해당합니다.

그렇다면 원반기억장치의
용량이 크거나 작은 것과
중앙처리장치의 처리 속도가
빠르거나 느린 것은
사람의 정신 활동에 비유하면
어떤 것과 같다 할 수 있을까요

원반기억장치의 용량이 큰 것은

사람으로 비유한다면
자신의 지나온 기억을 낱낱이
잘 기억하는 사람
즉 기억력이 좋은 사람입니다

그리고 중앙처리장치의 속도가 빠른 것은
사람으로 비유한다면
두뇌 회전이 빠른 사람
즉 자기 앞에 닥친 문제에 대해
즉각적으로 신속한 결정을 내릴 수 있는
사람이라 할 수 있습니다

그럼 전산기의
主기억장치(Main Memory, RAM)는
사람의 무엇에 비유될 수 있을까요
그것도 사고력에 해당되지 않을까요
주기판(主基板 : Mother Board)에
장착되어 있으니 그럴 것 같기도 한데……
그러면서도 8 메가니 16 메가니
용량 단위를 따지는 것을 보면
기억 활동에 가까운 것 같기도 하고……

그래도 주기억장치는
전산기의 정보처리 동작에 관계하니까
사고력에 가깝다고 할 수 있지만

그것만으로는 설명이 충분하지 않지요
주기억장치의 용량은
프로그램의 처리 속도와
직접 관계가 있는 것은 아니죠
단지 프로그램의 수행을
원활히 하도록 해서
속도가 향상되는 효과는 있지요

주기억장치의 용량이 크면
크고 복잡한 기능의 프로그램을
수행할 수 있다고 하지 않나요

그렇지요
주기억장치의 용량이 부족한데
무리하게 크고 복잡한 기능의
프로그램을 수행시키면
컴퓨터가 도중에 정지되기도 하고……

큰 프로그램의 수행은
복잡하고 다양한 계산을 요구하지요
해답을 구하기 위해서
여러 변수(變數)들의 값을 구해내서
그들로부터 종합적인 결과를
산출해야 하지요
말하자면 심층적(深層的)인

연산(演算) 동작이 요구되는 겁니다

단순히 많은 횟수의
반복적인 연산을 할 때에는
중앙처리장치의 속도가
그대로 효과를 보지만
크고 복잡한 프로그램을 수행하는 경우는
연산과 동시에 임시로 산출된
結果 값을 계속적으로
관리해야 할 필요가 있습니다
바로 그 때문에
임시로 데이터를 저장하는
램의 용량이 필요하게 되는 것이지요

인간만사 중에서도 여러 사람들의
입장이 얽히고 설켜서
모두의 입장을 헤아려 그 해결책을
찾아내야 하는 경우가 있습니다

한쪽의 입장만을 계속 생각하다 보면
이내 다른 쪽에서 문제가 생깁니다
이런 갈등의 문제를 해결하려면
사려 깊은 마음이 요구됩니다

전산기의 주기억장치의 충분함은

한 번에 복합 심층적인 연산 처리를
가능하게 하는 것으로서
인간으로 비유한다면
복합적 의미를 가진 事物에 대해
진지한 고찰을 할 수 있는 사람
즉 생각이 깊은 사람에
비유되는 것입니다.

별(星)

1
별을 좋아하시나요?
좋아는 하죠
그런데요?
뭐 아쉬운 점이 있나요?
별은…… 너무 멀어요
그래서 만질 수 없어요
그렇군요

별을 보다 보면 마치
우리가 지난 一年 동안
컴퓨터 통신상에서
서로의 글만을 보면서
마음으로만 교류했던 것과 같은 心情이겠네요

아름답게 느끼고 그를 향해
戀慕하기도 하지만
별은 차가운 공간에 머무를 뿐이에요

하지만 마음속에 그리기만 했던 사람을
막상 실제로 마주하다 보면
실망하는 경우도 많지 않나요

하늘의 별이 바닷가의 모래로
떨어져 버리는 것이라고나 할까요

그래도 난 모래가 더 좋아요
모래는 손으로 잡아
만져볼 수 있잖아요

그렇다
이제까지 허상으로만 있던 그녀보다
지금의 그녀가
친화감과 연모의 정이 덜할지라도
지금 내 앞에 있는 그녀는
내가 感觸할 수 있지 않은가

2

별을 좋아하시나요?
그런데……
그런데요?
뭐 아쉬운 점이 있나요?
별은…… 너무 멀어요
그래서 만질 수 없어요

그렇군요.
별을 보다 보면 마치 우리가
현실에서 이루어질 수 없는

어떤 이상의 사회를
동경하는 마음과 같은 心情이겠네요

아름답게 느끼고 그를 향해
戀慕하기도 하지만
별은 차가운 공간에 머무를 뿐이에요

하지만 마음속에 그리기만 하던 理想을
막상 실현하고 나면
실망할 때도 있지 않나요
하늘의 별이 떨어져
손에 잡히면 그것은 바닷가의
모래알갱이와 다를 바 없잖아요

하지만 그래도 난
모래가 더 좋아요
모래는 손으로 잡아 만져볼 수 있잖아요

그렇다면 당신의 생각은
아무리 바라던 理想도
그것이 想像에 머무르고 있는 限은
타락되어 세상에 실현되는 것만
못하다는 것이겠네요.

하나님과 악마

하나님이 있다는 것은 거짓말이야
있다면 왜 악마가 있어서
인간을 타락시키도록 놔두고
그렇게 많은 불행을 생기도록 하겠어.

당신은 요즘의 話頭인
디지탈 정보통신을 아시나요.

당연히 알죠
켜있는 상태인 1과
꺼있는 상태인 0을 조합해서
정보를 구성하는 것이 아닙니까.

왜 0이 있어야 하나요
1만으로 정보를 이루는건 어떤가요
그렇게 하면
우리가 그 정보를 알고자
힘들여 애쓸 필요도 없고
세상은 참 편안한 곳이 되지 않나요.

그…… 그건.

마음 고운 사람들

조심스런 사랑

三十 年 고이 간직되어온
그대 영혼 너무도 여린 속살
보듬어 안으려는 조심스러움
새로운 역사는 시작되어야 합니다

우리의 사랑은
더 크고 강한 사랑의 源泉이 되어
이 세상 사랑이 필요한
모든 곳을 찾아 흐를 것입니다.

秋雨

어제 그대를 만난 뒤 오늘
이 곳엔 가을비가 내렸어요
비록 우산을 같이 쓰고 갈
아름다운 사람은 곁에 없었지만
오랜만에 내 자신의 분위기와 어울리는
세상을 만나게 되어 반가웠어요

마음의 오감(往來)을 갈망해온 者가
자기도 부족히 가진 情을
인상깊은 知人에게 혹 드릴 수 있을까 싶어
먼길을 떠났는데
오히려 자기 사랑의 씨앗을 얻어 돌아왔어요

그대에게 무한정 사랑을 바치고 싶고
또 그대에게로부터 사랑을
듬뿍 받고 싶은 마음……
그러나 그 사랑의 형식이
어떻게 되어야 할까
두려움에 어찌할 바를 모르겠어요

그대가 허락하고 우리들이
이 세상에 있는 한 계속되어질

이 마음은
어떻게 모양지어져야 할까요
그대 기도하는 마음으로
내가 그대와의 사랑에 빠지는 것을
두려워하지 않게 해 주세요

그대는 내가 사랑에 빠져
그대의 手中에 놓이게 될 때
나를 가장 올바른 길로
인도해 주실 분인데
내 마음은 왜 그리
깨끗하지 못한지 원망스럽네요

조화로움과 화려함만으로는
감동의 충족을 느끼지 못하는
이 불합리한 정신에
당신은
크나큰 반역과 부조화의 표상으로서
내 앞에 있어
내 감정의 심층을 흔들고 있어요

이 밤 그대를 생각하며
눈시울이 뜨거워짐을 용서해 주시고
그렇게밖에는 되지 못하는
저의 성장을 위해 다시 기도해 주세요.

마음 고운 사람들

그대는 정말 살아오면서 남달리
마음 고운 사람들을
많이 접하였나 봐요
그 때 당신의 손을 어루만졌던 아줌마나
두 손을 꼭 끼었던 醫師나
적어도 그날 밤까지는
당신을 마음속에 기억하면서
당신의 행복을 기원하였을 거예요

진정 당신은 마음 약한 사람의
마음을 淨化시키고자
내려진 이 임에는 틀림없어요
그대 스스로 의식했던 많은 사람들 외에
마주 지나치다 돌아본 이들에게까지도
축복은 내려져야 하겠지요

30년을 고이 간직되어 온 당신 영혼의
너무도 여린 속살을
보듬어 안으려 하는 데의 조심스러움
지금까지 당신을 위해서 마음쓴
그 많은 사람들의 바램을
어떻게 따를 수 있을까요.

꿈을 꾸세요

그대 밤마다 무슨 생각하세요?
꿈을 꾸세요
부유한 자나 가난한 자나
모두 같이 가질 수 있는 것을
필요한 것을 가진 자나 그렇지 않은 자나
모두 같이 가질 수 있는 것을
남과 다투어 자기 것을 얻을
도구를 가진 자나 그렇지 않은 자나
모두 가질 수 있는 것을
당신은 지금 어떤 꿈을 꾸고 게실까
햇살 부신 동산에서 꽃을 한아름 안고
바삐 다가오는 모습이 보이네요

사랑의 주고받음에
한없이 주린 자를 위하여
이 세상에 내려진 그대
약한 자의 마음을 淨化시켜 주시고
바르게 일어서도록 하여 주세요.

눈길(視線)

그날 만남을 끝내고
이제 또 피곤한 몸을 끌고
돌아가야 했지요
그 하루의 아쉬움도 마음속에 가라앉아
담담한 기분이었습니다

그 때 정류장에 오는
버스를 발견했어요
나는 빨리 뛰어가면
잡아탈 수 있다 하여 서둘렀어요
이 차를 놓치면 쌀쌀한 바람을
십여 분간 더 맞는다는 것이었습니다

잠시 후 그 곳에는 걱정스레
한 사람을 찾아다니며 두리번거리는
애처로운 눈길이 있었대요
못다 한 그 한마디 말을 더하고자
방금 떠난 사람을 찾아 나섰지만
어느새 그 사람은 보이지를 않았대요

우리 淨雅는 자기를 사랑하는 이가
혹 할 말을 더하고자 다시 찾아올 때

아직은 그 자리에 있을 거예요

그리고 그가 못다 한 말을
다 하게 하여
그가 후련한 마음으로
떠나갈 수 있도록 할 거예요.

밤길

어두운 밤길
그대 가는 길에
한 사나이 버티고 서 있다면
그를 피해서 돌아가지 마세요
그가 외로움을 못 참아 대화를 원하거든
거절 마세요

그가 단 한번의 따스한 손길이 아쉬워
그대의 손을 가까이 하더라도
너무 매정하게 뿌리치지는 마세요

혹시 그가 저 자신을 잃고
그대 앞에 허물어지더라도
자애로운 마음으로 용서하여 주세요

하늘은 당신 곁에서
당신을 지켜주실 것이니까요.

구름

그대와 함께 서울을 떠나던 날
空港은 흐린 안개에
간간이 빗물마저 뿌려
하늘은 우리와
마음을 함께 하는 것이었어요

그대와 함께 아득한
구름안개를 헤쳐가면서
우리의 마음은 그 구름만큼이나
헤아릴 수 없었지요

그러나 어느덧 구름 속에선
화사한 햇살이 비쳐나더니
우리를 올려 비치는
태양이 있었어요

廣漠한 雲海가 펼쳐지고
살며시 머리 기대는
그대의 마음과 함께
그것은 우리의 나아갈 바를
밝히는 것이었어요.

결혼

그대 우리 결혼해요
30년의 순결로 30년의 방황을
거두어 주세요
이제는 그대의 영혼을
가까이서 느끼고 싶어요

밤이면 그대의 포근한 가슴에 얼굴을 파묻고
지내온 일과 앞으로의 일에 대한
대화로 지새우게 되겠지요

하얀 드레스 입고 다가오는
그대의 손목을 잡고
제단 앞에서
사랑의 결실을 맺어요

태초의 탄생의 신비를
그대로 간직한 채
삼십 년의 숱한 감동으로 정제된 영혼의
순결한 童貞女가
이제 기다리던 그 사람을 맞이해
自身을 내어 바칩니다

자, 여러분

그 숭고한 의식에
동참하지 않으시렵니까.

삶의 예술

그대의 삶은
그 자체로서 예술이 될 거예요
그대의 움직임 하나하나 나름의
감동적 아름다움으로
다가올 것입니다

지금부터 상상이 돼요
뜨개질하며 미소짓는 모습
앞치마 두르고 집안 일하는 모습
바구니 들고 장보기 해오는 모습
모두가 보는 이에게
삶의 結晶일 것입니다

하루 일을 끝내고 집으로 들어와
서로가 몸을 쉬며
그날의 대화를 나누겠지요

그대가 피곤해 잠이 들면
잠이 적은 나는 간혹 혼자 나와
어제 읽던 책을 읽거나
내일 아침 그대에게 보일
조그만 편지를 쓰겠지요

그러던 중 잠자던 그대는
옆에 없는 나를 찾아
다시 일어나 기어오듯 내게 다가와
살포시 눈을 감은 채 안기겠지요
나는 그대를 안고 잠자리로 돌아가
사랑의 입맞춤을 하겠지요

당신은 다시 잠에 빠져들겠지만
나는 그대로 앉아 바라보고 있겠지요
잠든 그대 모습을 바라보던 나는
어느 時刻에 쓰러져 자겠지만……

그대는 새벽 머리맡에 조그만
편지 조각을 發見할 거예요
그대가 집어보는 그 때에도
깊은 밤을 새우며 보냈던 나는
아직 잠에 빠져 있을 거예요.

상처

태초에 둘이는 하나였습니다
인간을 나누어
이 세상에 내려보내기 前
슬픔을 담당한 神은
그 숙명을 부여할 인간의 쌍을
무작위로 고르던 중
너무나 출중한 心身의 美와 才調를 지닌
精製된 한 쌍을 보고
질시의 화살을 내리꽂았습니다

화살의 상처는 화살을 맞지 않은
半人에게도 번진 채
그들은 이 세상에 보내졌습니다
이제 둘이는 합쳐져야 합니다
그리하여 상처를 극복하여
본래 하늘의 정제된 선택받음으로써의
역할에 임하여야 합니다.

변치 않는 사람들

세상이 참 어수선합니다
애초에 감상적인 회색인이었던 제게도
길게 지속되는 이 대립은
사회를 이루어 온 서로 다른 세력의
주도권 다툼으로 보입니다

시대가 바뀐다면
사회의 주도 세력도 바뀌겠지요
주도권을 잡으려는
그들의 한판 승부는
이제 닥쳐온 듯해요.
하지만 시대가 아무리 바뀌어도
그 역할과 비중이
변치 않는 이들이 있어요
바로 그들은
살아오면서 사람들에게
사랑의 感情을 심어주는 이들이지요.

어머니와 아이들

옛적에
많은 아이들을 가진
한 어머니가 있었습니다.

어느 날 아이들이 제각기
먼길을 떠나게 되었습니다.
어머니는 전날 밤
아이들이 먼 길을 가면서 고된 행로에
도움이 될 만한 것들을 마련하여
짐을 나누어 싸 주었습니다.

제각기 다른 물건들은
서로 쓰임새가 달랐지만
합하여 아이들의 수 만큼밖에 없었으므로
어머니는 아이들에게 한 개씩
고루 나누어주었습니다.

이튿날
어머니는 아이들에게 말했습니다.
"얘들아 너희들이 먼 길을 가는데
도움이 될 물건들을 하나씩
짐에 나누어주었다.

너희들은 이것을 의지하여
앞으로의 길을 잘 헤쳐나가야 한다."
그리고 아이들 하나 하나를 가리키면서

네게는 부귀
네게는 빈곤
네게는 명예
네게는 멸시
네게는 건강
네게는 질병
네게는 행복
네게는 고통
네게는 사랑
네게는 증오……
이렇게 골고루 하나씩
아무도 빠짐없이 나누어 주었단다.

어머니는 이제 내 할 일을
다 해 놓았노라 하면서 흐뭇한 마음으로
아이들을 보내었습니다.

그러자 어머니의 선물을
하나씩 나누어 가진 아이들은
누구는 기뻐 날뛰며 바삐 떠나는 한편
어느 아이는 원망 어린 표정으로
힘없이 떠나가고
또한 어느 아이는 울부짖으며
가기 싫다고 하는 것이었습니다.

그러나 이미 떠나보내기로 한 이상
어쩔 수 없었습니다.
그로부터 어머니는
까닭 없이 당신을 탓하며 울고 떠난 아이들로
눈물의 세월을 보낼 뿐이었습니다.

남성이 빼앗은 가장 큰 것

남성이 빼앗은 가장 큰 것

번호:39/78
등록자:KBPARK
등록일시:94/09/18 20:35
길이:11줄
제 목 : 남성이 빼앗은 가장 큰 것

남성이 여성으로부터 빼앗은
가장 큰 것이 바로 이것
즉 조상과 자손의 '소유권'이다

원시사회는 당연히 모계사회였다
여자가 낳은 아기는
확실히 그녀의 자손이었으며
아이를 만들기 위한 노력도
여성이 들인 노력이 훨씬 크기 때문이다

성서에도 있듯이
남자가 생존을 위한 양식을 생산한다면
여자는 생명 자체를 잉태하여
자손을 이어주는 것이 본업인 것이다
그런데 그 본업의 성과를
남자가 빼앗은 것이다

하와이의 어느 '낙원'섬나라에서는

모계사회로서 결혼도 일단
아이를 낳고 나서 한다고 한다
여자가 낳은 아기는
확실히 그녀의 아이이므로
간통 등의 싸움의 소지가 없는 것이다

정말 모계사회라면 우리 사회의
많은 범죄와 갈등의 소지가
없어질 것이 분명하다
진정으로 여성의 권리를 되찾기 위한
뜻있는 운동이라면
본디 남자의 일이라 할 수 있는
돈벌이 직업에서의
평등을 쟁취하려 하는 것보다
(어차피 한계가 있는 운동)
태초에 여성이 가졌었으나 **빼앗긴**
자손소유권을 되찾아야 하지 않을까

물론 이것은 여느 사회상의
남녀 평등 주장보다
훨씬 크고 벅찬 운동이고
혁명적인 운동이다
하지만 이것은 곧바로
인류사회의 평화와 안녕에
직결되는 운동이다.

사랑의 유예

인간사회의 발달과 복잡 다양함은
더 이상 자연적인
사랑의 필요 시점에
그에 걸맞은 사랑의 수용력을
지닐 수 있도록 해주지를 않습니다

육체적 생리적 성숙이
이루어진 상태만으로는
남에게 지주가 될 수 있는
하나의 굳건한 인격체로서의
요구에 부합되기에는
까마득히 부족한 게 현실입니다

더구나 현대사회로 올수록
심화되는 이러한 정신 성숙의
완만화 추세와는 역으로
핵가족의 개념이 보편화된 현실에서
全的으로 자신을 의지해야 하는
상대방에 대한 기대는
오히려 더욱 커지기만 하는 것입니다

서로가 자신이 혼자서

이 세상을 헤쳐나가기에
너무도 부족한 인간임을
절실히 느끼면서
자신의 부족한 면을 보완하고
마음을 의지할 수 있는
짝을 원하는 입장에서
상대방에 대한 기대와 요구는
커져만 갑니다
이러한 상황에서
서로의 凹凸의 맞물림을 찾지 못한다면
불완전성의 증폭에 불과하게 될 뿐인 만남은
파국에 이르고 맙니다

아직까지는 이러한
상충되는 서로의 요구에서
어느 편에선가는 가져야 할
흡수 방패의 역할을 위해 요구되는
자아의 단련과 완성을 위한
사랑 유예 기간은
남자의 몫이 되고 있습니다.

이 세상에서의 맡은 바 역할

사람은 다 자기의
맡은 바 할 일을 가지고
태어난다 하겠다
물론 知天命의 때에 이르러야
그 정확한 의미를
깨달을 수 있다고도 할 수 있겠지만
그 이전에라도
사람은 살아가면서 서서히
자기의 역할에 대해
스스로 조금씩
깨우치게 되는 것이 아닐까

'세상의 빛과 소금..'이라는 말이 있다
여기서 '소금'의 의미는 무엇인가?
음식물에 있어서
음식물 그 자체와 소금하고
둘을 놓고 본다면
어느 것이 더 중한가는 愚問에 불과하다

그러나 한 숟갈의 음식물을
더 담그기 위해서
한 숟갈의 소금을 넣지 않는 일이 있다면

이 또한 어리석기 그지없는 일이다
소금이 제 역할을 하지 않는다면 무엇으로
음식을 <음식답게> 할 수 있겠는가?

인간 사회도 이렇듯
각 구성원의 역할이 있다
하늘로부터
어느 역할을 맡으라는 명을 받은 자는
자신의 역할을 끝끝내 지켜 가는 것이
도리일 것이다

어느 쪽의 역할의 인간이
보다 이 사회를 살아가기 수월하다고 해서
자신의 본분을 어기고 쉽게
 '一身의 안일'을 택한다면
그것은 자신을 창조한
 神에 대한 배신일 것이다

'보편적 구성원'의 미덕을
진작부터 좇아
자신을 버리고 살았더라면
아마도 원하는 시기에
가정도 이뤘을 것이고
제도권사회의 보다 안정된
지위도 가지고 있었을 지도 모른다

개인으로서 보다 안락하고 행복한 삶인 것은
두말할 여지가 없다
가까운 주변 사람들을 위해서도
더 좋은 일일 것이다

그러나 반복되는
<普遍化改造>의 유혹과 압력을 뿌리치고
이렇듯 <자신 그대로> 살아온 것은
언젠가는 내려질 <창조>의 직분을
수행해야 할 때가 오리라는
막연한 기대에서였다

<그날>이 오기 전에 섣불리
<보편성과 타협>하여 安住한다는 것은
나의 창조주에게 죄를 짓는 것이라는
두려움이었기 때문이다.

독신자 권리장전

1. 독신 생활은 선택에 의한 당연한 삶의 형태로서 인정되어야 한다
2. 독신자는 취업, 주거지 확보, 사교 생활 기타 전반적인 사회 생활에서 불이익을 당하지 말아야 한다.
3. 독신 여성은 개인의 신상의 안전 등에 대해 公的으로 보호받아야 하며 기혼남을 포함한 남성들의 불순한 목적에 이용되지 말아야 한다.
4. 여러 사람이 모여 있는 장소에서 개인의 독신 사실을 불순한 목적으로 공개 거론하며 비정상인으로 매도하는 행위는 공개적 성희롱 범죄에 준한다.
5. 미혼모 등 아이를 기르는 독신자는 적어도 아이를 가진 이혼자보다는 사회적으로 배척당하지 아니하여야 한다.
6. 성숙한 연령의 독신자끼리 서로의 합의하에 이루어지는 교제에 대해서 他人들은 任意의 해석을 하지 않는다.
7. 독신자는 법률상 필요가 있을 때 기혼자의 배우자에 준하는 인물을 비 혈족 중에서 지명하여 입장 代辯과 공동 대응을 할 수 있다.
8. 독신자의 피양육자는 사회 생활에서 부부의 피

양육자보다 법률적으로 불이익을 당하지 말아야 한다.
9. 독신 생활 이후 晩婚한 자는 이전의 생활을 잊지 않고 계속 사회적으로 약한 자의 입장에 힘을 보태 줌이 마땅하다.
10. 독신자는 자신이 가진 자유로운 삶의 형태 등을 최대한 이용하여 인류 사회의 창조적 문화 발전에 기여할 의무가 있다.

공주병

살로메 콤플렉스

신데렐라 콤플렉스에 대해
모르는 사람은 없을 것이다.
그러나 所謂 자기 자신을
凡女의 범주에서 벗어난다고 생각하는
적지 않은 현대의 여자들이
신데렐라의 단순 소박한 수준의 바램은
意識的으로 자신은 거리가 멀다고 생각하면서
자신의 바램을 다른 형태로 이루고 싶어하는 것을
살로메 콤플렉스라 이르고자 하는 것이다.

니체, 릴케 등등
수많은 當代의 뛰어난 남자들로부터
'一方的인' 求愛를 받았던
萬知性의 戀人 루 살로메
그녀와 같은 위치는 짐짓
자신의 知的 수준에
자긍심을 가지는 여자들로서는
선망의 대상이 아닐 수 없다.
그러기에 그녀들은 주변의
'뛰어나고 특출해 보이는' 남자가
자기를 '一方的으로'

사랑하는 樣態를 연출하려 하며
또 그러한 상황이 많은 사람들에게
공개되기를 원하는 것이다.

연출된 상황은 허구이지 현실이 아니다.
루 살로메가 되기를 갈망하는 여자들은
더 이상 의도적인 상황 공개의
무모함을 포기하여야 한다.
그럴 만한 자격이 있는 자신의 가치가
자연스레 나타날 때
많은 '뛰어난 남자'들은
제 스스로 '그녀에의 讚美'를
公公然히 하게 될 것이다.

所謂/소위, 凡女/범녀, 意識的/의식적, 當代/당대, 樣態/양태, 讚美/찬미, 公公然/공공연

공주병
- 新 창녀론

만약에 어떤 남자가 어떤 여자가
참으로 이상형이고 맘에 들어서
길에서 뒤쫓아갔거나 기타 일방적으로
수소문해 이루어진 관계라면
여자는 남자의 마음을 시험하기 위해
여러 힘든 과정을 요구할 만도 하겠지요.

또 남자도 그런 것쯤은
각오하고 쫓아갔기에
그것을 감수할 수도 있을 거예요.

그러나 전혀 그런 식으로
만난 사이가 아닐 때에는
남자가 여자를 좋아한다면 그 이유에는
여자가 자기에게 관심을 두고
좋아한 듯했기에 그랬을 수도 있습니다.

그런데 여자가 남자를
(겉으로라도) 싫어하고
만나지 않으려 한다면 이미
남자로 하여금 그 여자를 좋아하게 하는
요인은 소멸되는 것입니다.

그런데도 여자는 남자가

자기를 계속 좋아할 것이라고
착각하는 경우가 적지 않지요.

물론 예외의 경우도 있습니다.
여자의 미모가 뛰어나서
남자가 도저히 정신을 못 차리게 한다든지
여자의 자격과 배경이 훌륭하여
남자가 그 여자를 얻는 것이
중요한 인생 목표가 될만한 경우입니다.

말하자면 공주와 결혼하여
임금의 사위가 될 수 있다면
한번쯤 목숨을 걸어 볼만할지도 모르죠……

그런데 자신은 결코
공주가 아니면서 공주를 탐내듯
자기를 탐내리라 생각하는 것이 바로
그 유명한 공주병입니다.

도대체 자기의 무엇을 근거로
자기가 싫다고 하는 데도
남자가 자기를 계속 좋아한다고 생각하는지
어이가 없는 것이죠.

한 여자가 한 남자에게
마음이 있느냐 없느냐를
흑백 논리로 물어보는 것은
어리석은 질문입니다.

비유를 하자면
한 창녀가 한 손님에게
2차 잠자리를 같이할 마음이 있는가를
흑백으로 따지는 것과 마찬가지입니다.
만약에 손님이 1만 원 권 한 장을 내밀며
2차 가자고 한다 합시다.
100이면 100,
아니 혹 예외도 있을 수 있지만
여자에게 딱지맞게 됩니다.
반면에
100만 원 권 다발이나 수표를 제시하면
100이면 100(예외도 있을 수 있지만)
허락할 것입니다.

이처럼 남자가 어떤 정성을 보이느냐에 따라
여자의 태도는 달라지게 됩니다.
그런데 애초의 약속은
10만 원으로 한다 해 놓고
100만 원을 요구하게 되면
난감해지게 되는 것입니다.
그리고는 요구 금액이 너무 많아서
남자가 잠자리를 포기하게 되면
앙심을 품고, 함께 술집을 나왔다는
사실만을 두고
남자가 억지로 자기와 잠자리를
같이 하자 했다고 우기면
더욱 난감해지는 것입니다.

꽃뱀

꽃뱀(방울뱀)은 꼬리를
살랑살랑 흔든다
꼬리에서는 꽁알꽁알
요상한 소리가 들린다
수캐는 물끄러미 소리가 나는
꼬리를 보고 있다
어느 한 순간 꽃뱀의 머리는 휙 날아올라
수캐의 모가지를 물어 비튼다
꽃뱀은 정당방어이다
수캐가 먼저 꼬리를 쳐다보며
자신을 노렸기 때문이다.

그녀가 여자임을

그녀로 하여금
"여자였기에 이렇게 좋은 사랑을 느낄 수 있어!"
하며,
자기가 여자로 태어난 것을
천만다행으로 여기게 하고 싶다.

女人의 外出

진정 아름다운 여자

이제 봄이 오니 거리는 곧
짧은치마의 아가씨들로
넘실거릴 것이다.
물론 겨울이라고 해서
짧은치마의 아가씨들이
없었던 것은 아니었다.
그러나 무릎까지 올라오는
긴 부츠차림의 아가씨들은
아무리 치마가 올라가 있더라도
자연스러운 노출과는 거리가 있다.
세련된 멋쟁이의 느낌은 비록 들어도
원초적인 이끌림과는 다른 것이었다.

기온이 올라갈수록
치마는 더 올라가고
그 옷차림의 아가씨들의 수효도
늘어날 것이다.

치마는 짧으면 짧을수록 좋다.
착용자 자신에게는 물자 절약이요
보는 이들에게는
생활의 활기를 불어넣어 주니

이래저래 지극히 생산적인 것이라
아니할 수 없다.

그런데 이렇게 생산적인 노출도
경우에 따라 느끼는 기분이 다르다
그 인상과 차림새로 보아
노출 그 자체를
재산이나 무기로 삼을 만한
여자로 여겨지는 경우엔
그저 흥미의 눈길로 그친다.

그런데 풍기는 면모에서나 몸가짐으로 보아
知的이며 해맑은 청순함을 보이는 아가씨가
자신의 무릎 위 상당 부분의 아름다움을
뭇사람들에게 베풂을 접할 때
참으로 진정한 여성의 아름다움에의
감동을 느끼는 것이다.

상호 背馳되기 마련인
두 요소가 함께 만날 때
새로운 和合에 의한 감동의 증폭은
일어나는 것이리라.

背馳/배치, 和合/화합

女人의 外出

이제 외출의 준비는 다 되었다.
아이는 오후 늦게
아니 저녁나절에 데려와도 된다.
家計를 위한 營利를 口實삼아
보다 자유로운 시간을 갖게 된다.

물론 어떤 목적을 따라
일해야 하는 시간이니
자유롭지만은 않겠으나
어찌했든 가정과 남편으로부터는
상당히 자유로운 시간이다.

아파트 계단을 내려와
團地를 벗어나면서
바깥 공기의 상쾌함이 느껴졌다
살펴보면 매연과 유해 가스로 오염된
도시의 공기라지만
그래도 房안의 공기보다는 상쾌하다.
그것이 반드시
물질적 要因에 의한 것이 아님은
그녀도 의식하고 있다.

지금 나(我)와 같이 호흡하는 사람들에게
나는 아무런 책임도 의무도 없다는
해방감!
숙성한 여인네의 탐스러운 두 다리는
좌우 교대로 기운차게 율동하며
허리 아래 드리워진 스커트자락 밑의
체온 머금은 따스한 공기를 휙휙 저었다.

이렇게 붐비는 도시의 步道를 걷노라면
어엿한 도시의 多忙한
직업인의 하나이다.
적어도 겉으로는 손색없는
한 세련된 캐리어우먼이다.

가랑비가 내리기 시작했다.
아직 우산을 받아야 할 정도는 아니다.
오히려 살짝살짝 찔러대는
물방울의 따끔함은
이제까지 집안의 훈훈한 공기 속의
생활에 습관되어 느슨해 있는
그녀의 정신을 맑게 깨우는 자극제였다.
얼굴의 피부에 닿는 시원시원한 자극을
몸 전체가 다 받지 못하는 것이
답답하고 안타까웠다.

그녀는 길 한가운데서 옷을 벗었다.
온몸에 시원한 빗줄기가 내려와 닿는다.
비는 머리카락을 적시고
어깨를 적시고
가슴의 돌출부를 때려 적시고……
우선 물길이 닿기 좋은 곳부터
차갑고 찰진 피부로 담금질하고 있다.
오목 들어간 허리
거기서 흘러내린 물방울은
그 아래 다시 볼록 나온 엉덩이에 이르러
그곳에 집중되어 내리는 물방울들과 합해
도랑을 이루어 허벅지로 향했다.
빗물줄기는 모처럼 직선 코스를 만나
쭉 흘러내려 갔다.
발바닥에 이르러 땅으로 돌아가면서
아쉬운 듯 물방울들은
발가락 사이의 틈 속에서 우물우물댔다.
그녀가 발걸음을 옮기면서
완전히 땅에 남은 빗방울들은
행운으로 겪은 美女 裸身 旅行에 대해
저마다의 소감을 말하고는
풀깍풀깍 각기 방울의 자태를 포기하고
하나의 물 흐름의 줄기로 돌아갔다.

肉體의 讚美

거울 속의 미인은 아름답다.
가까이 거울을 들여다보니
내 눈과 거울 속의 눈이 마주친다.
까풀의 그 휘어진 곡선은
살짝살짝 돋아난 黑細毛를 이끌면서
위아래 정교한 弧를 그려
銀여울 위 암갈색 湖泊같은
瞳子를 裝飾한다.

허리를 펴고 조금 뒤로 물러서 보았다.
너무 높지도 않으면서 반듯하며
끝은 적당히 원만하게
마름지어진 코가 있다.
그 밑의 입술은 발그스름히 강조되어 있다.
윗술의 대칭되는 兩曲線은
유난히 뚜렷해 보이고
아랫술의 도톰함은 여느 사람보다
두드러진 것 같다.
그리고 벌려 웃는 듯 표정 지으면
鮮분홍 잇몸 위에
가지런히 드러나는 白齒의 列.....

문득 그 미인을 벗기고 싶다.

한 겹 씌워 있는 옷을 벗는다
몸 곳곳이 환히 배어 들어오는
공기의 感이 새롭다.
고개를 들어 다시 거울 앞에 섰다.
저 앞에 이 세상에서 나를 定體化시키는
물질의 집합체가 있다.
보이기는 저 앞에 보이지만
그 따스한 實體感은 스스로 느끼고 있다.
그 육체는 젊다고만 할
時期를 넘긴 齡이지만
몸매는 흐트러지지 않았다.
오히려, 방금 조립을 끝낸
목재가구에서 나오는 풋냄새의
탁탁함을 벗어나서
숙성한 육체의 때깔이
몸 전체에 顔料칠 바르듯 덮여 있었다.

거울 앞에서 몸을 돌렸다.
먼저 前面에서 보았을 때는
몸 전체의 굴곡 있는 調和美가 보여졌지만
이제 옆모습을 보니
눈길은 아래로 쏠려진다.
얼굴과 가슴에 의해 상대적으로 위축되었던
脚線이 그 眞價를 보인다.

몸을 돌려 거울을 등지면서

시선은 계속 거울을 향한다.
방금까지 그 대강의 윤곽만을 보였던
엉덩이가 쭉 올려진 脚線 위에서
貪實한 자태를 드러낸다.
조금 허리를 굽혀
그 입체감을 더해 보았다.
視野 가득히 雙半球의 위용이 압도한다.
그러나 자세를 오래 지속할 수는 없다.
자세를 해제하고 의자에 털썩 앉는다.

몸의 긴장을 풀면서 고개를 떨구니
茫茫한 白沙漠 가운데 움푹 들어간
함정 같은 배꼽이 앙증하게 자리잡았다.
더 앞으로 나아가면
수풀 우거진 오아시스가 있음을 예고한다.
양손으로 허벅지의 윗端을 짚어
앞뒤로 쓰다듬는다.
視覺과 觸角을 총동원하여 自身을 느낀다.
하체는 조금도 사위지 않은
原形質의 아름다움을 지니고 있다.
지금 이 순간 生生한 自身을 보고 있다.
하지만 언제까지나 계속될 수는 없다.
이 가능한 時間 동안에
그 생명의 기쁨을 量껏 누리련다.

눈(雪)

새벽,
산책길의 삽 긁는 소리에
눈-임을 알고 창문께로 다가갔다.
과연 눈-은 왔으며,
아직도 내리고 있었다.

눈-은 속삭이며 내려와
쌓이고는 침묵했다.

눈-과 도로의 가로등 빛은
純白의 어지러운 소용돌이에 뒤엉켜 있었다.
黎明은 태양을 가린 채
소리 없는 회색 빛으로 다가왔다.

그날, 風景은 하나의 線描畵였다.
거기엔 날카롭고 선명한
黑白의 對照만이 있었다.
모든 광경은 단조롭고 一次元的이고
人爲的이었다.

裸木들은 회색 하늘밑의
검은 그림자로 있었다.

어떠한 색도 보이지 않았다.
건물의 赤벽돌마저 無色으로 보였다.

나는 건물 앞의 낮은 계단에
멈춰서 마당을 바라본다.
내려서 빨간 벙어리장갑 한 짝을 벗고는
한아름의 눈-을 퍼낸다.
팔목이 시려올 때까지 눈덩이를 안는다.
그 안으로 얼굴을 들이대
한 모금의 눈송이를 깨문다.
환한 미소를 머금고
나머지 눈 더미를 허공에 뿌려
산산이 하늘에 나풀거리게 하고는
손을 외투자락에 닦아내고
얼얼해진 손을 떨며 걸음을 재촉했다.

純白/순백, 黎明/여명, 風景/풍경, 線描畵/선묘화, 對照/대조,

임경숙 ◎

에필로그

닭과 달걀

닭과 달걀의 어느 것이
먼저 생겨난 것인가요

달걀이란 뭔가요

닭의 알이란 뜻이지요.

닭이 소유하고 있는
알이라는 뜻인가요

닭이 낳은 알이지요.

그렇다면 당연히 닭이 먼저
이 세상에 나왔지요
달걀이 있다는 것은 닭이 있음으로써
일어날 수 있는 상황이니까.

하지만 그 닭은 달걀로부터 나오잖아요

왜 달걀로부터 나오지요

닭이 달걀에서 나오지 그럼 어디서 나오나요

달걀이 닭이 나오는 알이라는 뜻인가요

그렇지요.

그렇다면 달걀이 먼저예요.
달걀이 있어야 닭이 나오는데
달걀 없는 닭은
이 세상에 존재할 수 없지요

결국 달걀이 무엇을 뜻하느냐에
달려있었습니다.

體溫移植

우리가 가진 것은 自然으로부터 빌린 것
이 세상에 영원한 所有는 없다.
내게 머무른 것을
너와 나누어 기쁨을 창조하고
그 기쁨을 다시 나누어
새 意味를 창조하자
낮의 勞苦는 밤의 休息을 달콤하게 하고
여름의 生育은 겨울의 結實을 풍요롭게 한다.
밝음에서 어둠으로 빛이 흐르듯
나의 넘치는 熱情으로
너의 冷靜한 마음을 데우련다.

푸른 하늘

하늘의 푸르름은
생명 가진 자들의 보기에
즐겁도록 그런 것이었고

언덕에 퍼져 있는
풀꽃 내음의 싱그러움은
움직이며 사는 자들의 피곤함을
덜어주기 위함이었다.

山새의 지저귐은
땅 위에 사는 자들의
고달픔을 위로하기 위한 것이었으니

그 가운데 있는 삶은
정녕 아름다웠다.

悲歌

삶과 죽음은
영혼이 거하는 두 개의 다른 집
밝은 낮이 지나면 어둠이 오고
더운 여름이 지나면 추운 겨울이 오고
다시 낮과 여름은 돌아오듯이
님들의 영혼은 때가 되면 다시 살아나리

얼음이 녹으면 물이 되고
물이 다시 얼음이 될 수 있듯이
님들의 영혼은 이 세상에 다시 오시리

그러나 언제 어느 때
우리가 다시 만날 수 있을 것인가
그것은 알 수 없고
훗날 다시 언제 우리가
더 행복하고 축복받는 만남이 있다 해도
現世의 비통한 헤어짐의
상처를 보상할 수 있을까

神이시여 이것이
우리 영혼의 단련을 위한 것이라면
인간의 슬픔도
다툼과 증오로부터 생기도록 하지 마시옵고
화해와 사랑으로부터 피어나게 하소서.

젊음과 성숙

지나온 생활을 돌이켜보면
이제 成人이 된 지도
적지 않은 세월이 흘렀는데
이러한 자연의 커다란 특혜를
그렇게 오래도록 누리고도
아직도 신체의 건강미가
쇠하지 않는 것에 대해
때로는 미안함도 느끼고
그것은 아직 이 축복을 가지고 있을 동안에
이루어야 할 무엇인가를 위한
채찍질이라는 의미마저도 부여하고 싶습니다.

흔히들 젊음의 지속에 대해서
그 가치를 의심하는 경우는 없지요.
그러나 그것은
그 바탕에 깔린 세월 동안의
정서적 성숙을 취하면서의
순수 이득에 대한 讚美이겠습니다.

젊음은 찰나주의적 말초 쾌락을
추구하는 입장에서는
한 순간 한 순간 놓치고 싶지 않은

애절한 아쉬움의 연속이지만
내면적 가치 추구를 위한
정신적 고행을 자처하는 이에게는
거쳐가야 할 고통과 방황의
혹독한 통과 의례로서 엄존할 뿐입니다.

저 앞의 높디높은 산등성이 너머
그리던 바 무엇이 있을 듯 여겨지는데
당장에 날랜 발걸음으로
산등성이에 오르지 못하는 안타까움……
그 힘겨운 걸음을
가시밭길을 헤쳐 더디게 내딛는 과정……
만약에 이것만의 지속이라면
그것은 얼마나 참담한 일일까요.

그리하여 이 苦難의 採集 旅行을
눈에 띠게 치열하도록 거치는 이가
산등성이에서 事物을 觀照할 때가 되면
그가 가지는 안목은 어떤 것이 될까
퍽 기대되는 것이기도 합니다.

그대와의 만남에서
젊음의 苦行끝에 가질 수 있는
보다 높이 바라보는 눈을 가지면서도
아직도 異性을 향한

신비감을 간직하며 사랑을 논할 수 있다는 것이 도리어 오랜 기간의 외로움을 보상할 수 있는 자그마한 혜택이 아닌가 생각해 봅니다.

공주의 마지막 사랑

初版發行	2025年 4月 21日
著者	朴京範
發行者	崔禎恩
發行所	도서출판 恩範商會(은범상회)
	京畿道始興市鳥南洞171-21
	https://blog.naver.com/eunbeom24
申告番號	2024-000029號
電話	(031) 405-2962
값	17000圓